Buen Encuentro

Buen Encuentro

Para lograr un noviazgo de éxito

Luis Enrique Ribero

Centros de Literatura Cristiana

CENTROS DE LITERATURA CRISTIANA
en los países de habla hispana

Colombia: **Centros de Literatura Cristiana**
Correo Electrónico: licrist@colomsat.net.co
Bogotá, Medellín y Barranquilla

Chile: **Cruzada de Literatura Cristiana**
Correo Electrónico: clcchof@rdc.cl
Santiago

Ecuador: **Centro de Literatura Cristiana**
Correo Electrónico: clcec@uio.satnet.net
Quito

España: **Centro de Literatura Cristiana**
Correo Electrónico: clcspain@clclibros.org
Madrid

Panamá: **Centro de Literatura Cristiana**
Correo Electrónico: clcpma@cableonda.net
Panamá

Uruguay: **Centro de Literatura Cristiana**
Correo Electrónico: clcuy@adinet.com.uy
Montevideo

U.S.A.: **C.L.C. Ministries International**
Correo Electrónico: clcbooks@juno.com
Fort Washington, PA

Venezuela: **Centro de Literatura Cristiana**
Correo Electrónico: clcv@cantv.net
Barquisimeto

Buen encuentro, por Luis Enrique Ribero

A menos que se indique lo contrario, las citas bíblicas son tomadas de la Santa Biblia, *Nueva Versión Internacional*. © 1999 por la Sociedad Bíblica Internacional.

Carátula diseñada por Fernando Triviño

ISBN 958-8217-05-9
Printed in Colombia
Impreso en Colombia

Somos miembros de la Red LetraViva www.letraviva.com

Dedicado

A quienes amo entrañablemente:
Sonia Lucía,
Marcel Enrique y Daniel Andrés.

Agradecimiento

A Dios, por ser la fuente de la sabiduría y
el conocimiento.
A mi iglesia, por el apoyo que me brindó para
la realización de mis estudios de posgrado
en el área familiar y pastoral.
A mi familia, a quien le debo muchos
de los momentos dedicados a la escritura
de este libro.

Tabla de Contenido

Introducción

Siempre me había cuestionado sobre por qué la Biblia habla tan poco acerca del período de la relación que precede al matrimonio, y de los criterios que los novios deben tener en cuenta cuando piensan en casarse. Sin embargo, reconocía que la Palabra de Dios es la mejor guía que puede encontrar el cristiano para saber cómo orientar todas sus decisiones y planes para la vida.

Alguna vez, leyendo cuidadosamente Génesis 24, donde se narra el encuentro de Isaac y Rebeca, pude entender que ese capítulo era una mina de principios y enseñanzas que se pueden extrapolar o adaptar, según el caso, al noviazgo contemporáneo, aunque es preciso reconocer que las costumbres relativas a las formas de elegir al cónyuge eran, en ese tiempo, muy diferentes a las de la cultura actual.

En este libro, apreciado lector, encontrará los principios y secretos que revela la Biblia, y especialmente la historia de Isaac y Rebeca, sobre aquellos aspectos que los jóvenes cristianos deben conocer cuando desean tener un "buen encuentro", tanto en el noviazgo como en el matrimonio.

Algunos elementos clave que se enseñan en esta bella historia son: la conducción divina, la centralidad que tiene la oración en este proyecto, el poder del amor, la importancia de la compatibilidad, el valor de la virginidad y la castidad, y muchos otros más.

Aunque en el enamoramiento de dos seres humanos existen vínculos que unen el corazón de una persona al de la otra (química), no por eso la elección del novio o de la novia se debería dejar a la suerte o la casualidad, sino que es preciso tener en cuenta aquellos criterios que han sido enseñados por la Palabra de Dios, bien sea en forma explícita o implícita. Los jóvenes que sigan estas pautas divinas verán recompensada su obediencia en la formación de noviazgos cristianos convenientes, y en la toma de decisiones inteligentes con respecto a este importante paso del matrimonio.

El autor de este libro parte de la premisa de que como Dios desea la felicidad de los jóvenes, Él está dispuesto a guiar a quienes lo reconozcan en todos sus caminos, incluyendo el plano sentimental, para que puedan encontrar de la mejor manera a aquella persona que los acompañará durante toda su vida.

Capítulo 1

Conducción divina

Él enviará su ángel delante de ti

Javier y Claudia, profundamente enamorados, se sentían muy felices de haber comenzado un noviazgo que estuvo precedido por una bonita amistad y una "química" que los atraía con fuerza. No obstante, ellos tenían algunas preocupaciones: "¿Será que Dios aprueba nuestra relación sentimental? ¿Cómo podremos estar seguros de que obramos en armonía con la voluntad divina y no según nuestros impulsos? ¿Será que estamos actuando racionalmente o sólo con base en nuestros sentimientos? ¿Qué tan importante debe ser, para nosotros, la opinión de nuestros padres acerca del noviazgo que tenemos? ¿Hasta qué punto podremos expresarnos físicamente el afecto sin desagradar a Dios ni sentirnos culpables?"

Las preguntas de Javier y Claudia ilustran algunas de las preocupaciones que deberían tener todos los jóvenes cristianos que desean hacer bien las cosas en el noviazgo. Si estás interesado en conocer los aspectos a tener en cuenta en este tema, y los criterios selectivos para tomar decisiones inteligentes con respecto a tu matrimonio, te invito a leer la historia bíblica del romance de Isaac y Rebeca registrada en Génesis 24, con el fin de reflexionar en quince puntos principales que vamos a extraer de esta historia, y que desarrollaremos en cada uno de los capítulos de este libro.

En el capítulo XVI encontrarás algunas consideraciones importantes que no se perciben de manera evidente en este relato bíblico, pero que, también, deben ser valoradas en el noviazgo y la elección del cónyuge.

El primer punto que me gustaría destacar en cuanto al proyecto de buscar a la persona que se constituirá en nuestra compañera para la vida, es el relacionado con la dirección de Dios. Si hay un asunto importante en la vida de los jóvenes cristianos que requiere de la conducción divina, es el que tiene que ver con la formación y mantenimiento de una relación sentimental con miras al establecimiento de un matrimonio.

Abraham estuvo muy consciente sobre la importancia de que el Ángel de Jehová dirigiera todo lo relacionado con la consecución de esposa para su hijo, y es de resaltar la seguridad con que reclama la promesa que Dios le había hecho y cómo demanda de su siervo llamado Eliezer (véase Génesis 15:2) que actúe de acuerdo con ésta: *"El SEÑOR, el Dios del cielo, que me sacó de la casa de mi padre y de la tierra de mis familiares, y que bajo juramento me prometió dar esta tierra a mis descendientes,* ***enviará su ángel delante de ti*** *para que puedas traer de allá una mujer para mi hijo"* (Génesis 24; 7; énfasis del autor).

Al hacer, en el Antiguo Testamento, un cuidadoso estudio sobre quién era el Ángel de Jehová, se puede concluir que, evidentemente, era el mismo Señor Jesucristo. En Éxodo 3:2-6 se confirma que el Ángel de Jehová que se le apareciera a Moisés era el mismo Dios, y según Juan 1:1-3, 14, ese Dios tomó después forma humana en la persona del Señor Jesucristo.

Entonces, una primera enseñanza que podemos deducir de la promesa de Dios a Abraham con respecto a que el Ángel (Cristo) iría delante del siervo en el proyecto de consecución de esposa para su hijo, es que para elegir a la persona adecuada para acompañar nuestra vida, según la voluntad de Dios, hay que permitir que Cristo siempre vaya adelante en nuestra iniciativa.

Salomón parece comprender y reconocer bien

este punto, cuando dice: *"La casa y el dinero se heredan de los padres,* ***pero la esposa inteligente es un don del SEÑOR"*** (Proverbios 19:14, énfasis del autor). Por supuesto, no sólo podemos aplicar este texto a los hombres, pues estoy seguro de que Dios también está muy interesado en darle a sus hijas un buen esposo que las ame, *"así como Cristo amó a la iglesia y se entregó por ella para hacerla santa"* (Efesios 5:25).

Durante el noviazgo es muy fácil caer en la tentación de adelantarse a Jesús, impidiendo, así, que sea Él quien guíe a los jóvenes en su relación. Una de estas formas habituales de proceder, es cuando inician un noviazgo o deciden casarse apresuradamente, sin darle a Dios la oportunidad de mostrarles, en el tiempo, la conveniencia de la decisión que tomaron.

Otra costumbre es ignorar o minimizar lo que Dios nos ha permitido conocer acerca de la inconveniencia de contraer matrimonio entre personas creyentes e inconversas. Por eso, es común ver cómo algunos jóvenes, por encima de la revelación divina y de todo consejo cristiano, prosiguen con sus planes de casarse con alguien que no comparte su fe ni sus principios.

También es frecuente encontrar jóvenes que se anticipan a la voluntad de Dios porque no tienen paciencia para esperar a la persona adecuada.

El sentirse solos, o el vivir con un vacío emocional, los lleva a escoger apresuradamente y, en muchos casos, a tropezar con personas con las que nunca debieron casarse.

Por ser el casamiento algo que afecta no sólo la vida presente sino también la futura,

> *"Una persona que sea sinceramente cristiana no hará progresar sus planes en esa dirección sin saber si Dios aprueba su conducta. No querrá elegir por su cuenta, sino que reconocerá que a Dios le incumbe decidir por ella" (El hogar cristiano,* p.34*).*

Por ende, ningún joven cristiano debería aventurarse a iniciar una relación sentimental sin que su iniciativa esté precedida por la búsqueda de la conducción divina. Con la seguridad de que Cristo tiene un gran interés en tu felicidad y en la de la persona que hayas escogido, puedes, entonces, confiarle tus anhelos y planes, creyendo que Él siempre estará dispuesto a brindarte la ayuda necesaria para que obtengas éxito en esta decisión tan trascendental en la vida de todo ser humano.

El sabio Salomón recomendó al creyente, de manera especial, no confiar en su propia opinión y, por el contrario, depender completamente de la conducción divina. Leamos sus elocuentes palabras: *"Confía en el SEÑOR de todo corazón, y no en tu propia inteligencia. Reconócelo en todos tus caminos, y él allanará tus sendas"* (Proverbios 3:5-6).

A menudo, al ser humano le cuesta dejar que Cristo lo guíe en el plano sentimental. Sin embargo, el mandato es no dejar de reconocer al Señor en todas las áreas de la vida, y mucho menos en aquéllas que no sólo afectan nuestra vida presente, sino también nuestro destino eterno.

Esta preciosa promesa, escrita por el salmista David, destaca que el Señor tiene puestos sus ojos sobre nosotros y que, por lo tanto, es preciso permitirle que nos muestre la senda que debemos seguir: *"Yo te instruiré, yo te mostraré el camino que debes seguir; yo te daré consejos y velaré por ti"* (Salmo 32:8).

Por inspiración divina, el profeta Isaías declaró que trazar planes y hacer alianzas que no procedan del Señor ni de la voluntad de su Santo Espíritu es un acto de rebelión y, de hecho, un pecado (véase Isaías 30:1). En consecuencia, resulta inconveniente que los jóvenes desplacen a Dios del lugar que merece en todos los proyectos de su vida, y asuman presuntuosamente la dirección de su embarcación, sin percatarse de que se pueden estrellar contra una roca oculta que haga naufragar su felicidad.

Dada la trascendencia que tiene el matrimonio en la vida presente y futura, "ningún cristiano sincero deberá hacer planes que Dios no pueda aprobar" *(El hogar cristiano, p.39).*

Para muchos, la cuestión del noviazgo y el matrimonio parece ejercer un poder tan hechizante sobre ellos que les impide someterse a Dios, por temor a que alguien intervenga en sus planes. Es lamentable que existan jóvenes tercos que dejan a Dios por fuera de asuntos tan importantes.

De modo que el desafío para los jóvenes cristianos que desean tener un buen encuentro es permitir que Cristo ocupe el primer lugar en todos sus planes, a fin de que cada una de sus decisiones sea tomada de acuerdo con su beneplácito. Esto siempre será lo más conveniente para su vida, ya que "Dios no guía jamás a sus hijos de otro modo que el que ellos mismos escogerían si pudieran ver el fin desde el principio" (*El ministerio de curación,* p.380).

Por consiguiente, apreciado joven, ten en mente que no posees la libertad de disponer de ti mismo de acuerdo con lo que tu fantasía te dicte; recuerda que Cristo te ha comprado por un precio infinito, y que le perteneces. Por esto, debes tenerlo en cuenta en todos tus planes. Proverbios 19:21 dice: *"El corazón humano genera muchos proyectos, pero al final prevalecen los designios del SEÑOR".*

Pero, ¿cómo pueden los jóvenes dejar que Jesús sea el primero en sus planes? La respuesta es: a través de la oración. A medida que le encomendemos nuestros caminos a Dios, Él dirigirá nuestros pasos. En el próximo capítulo se tratará más a fondo cómo la oración debe constituirse en un acto central cuando se procura elegir a alguien como compañero para el resto de la vida.

Capítulo
2

Orar por un buen encuentro

SEÑOR, Dios de mi amo Abraham, te ruego que hoy me vaya bien, y que demuestres el amor que le tienes a mi amo.

En cierta ocasión, un chico que deseaba estar seguro de con quién debería casarse, pero le resultaba difícil resolverlo, decidió escribir los nombres de cinco muchachas que consideraba podrían calificar como posibles esposas. Anotó los nombres de dos de sus ex novias, el de su mejor amiga, el de una chica que admiraba mucho y, claro está, el de la novia que tenía en ese momento. Después de orar por quince segundos, y de agitar los papeles dentro de una bolsa, decidió sacar uno al azar, con la esperanza de obtener la respuesta de Dios acerca de la persona con quien debía casarse.

Por supuesto, no comparto este método de elección de un cónyuge porque creo que una decisión de tanta trascendencia no se puede dejar a la suerte, sino que requiere de buen juicio, de criterios sabios, de paciencia y, sobre todo, de mucha oración, como lo demuestra la historia bíblica que estamos desarrollando.

La oración siempre ocupó el lugar central en todos los asuntos relacionados con la selección de una esposa para Isaac.

En la oración del criado se encuentra la esencia del contenido de la oración de todo joven que anhele encontrar a esa otra persona que, posteriormente, llegue a ser su cónyuge: *"Haz, te ruego que hoy tenga yo un buen encuentro"* (Génesis 24:12).

Quienes deseen elegir acertadamente no deberían ser parcos o escasos al orar, pues los seres humanos tenemos una gran limitación: sólo vemos lo que está delante de nuestros ojos. En cambio, nuestro Dios, que mira el corazón (véase 1 Samuel 16:7), es quien realmente sabe lo que más nos conviene.

Apreciado joven, ¿cuántas veces has orado para que Dios te dé ese "buen encuentro"? No dudes en hacerle esta plegaria a Dios, pues Él ha prometido responderla: *"Antes que me llamen, yo les responderé; todavía estarán hablando cuando ya los habré escuchado"* (Isaías 65:24).

El cumplimiento de esta promesa fue tan evidente en el caso de Eliezer, que el escritor del relato dice que: *"**aún no había terminado de orar** cuando vio que se acercaba Rebeca, con su cántaro al hombro"* (Génesis 24:15, énfasis del autor).

Pero mientras Eliezer oraba en el camino, Isaac también lo hacía desde la distancia. Esta corta declaración sugiere que la oración era una práctica regular de aquel joven y, sobre todo, que tenía una gran confianza en el poder de la misma.

Aunque no existe un texto que relate en forma explícita que Rebeca también oraba por ese buen encuentro, por el trasfondo de ser una mujer creyente y temerosa de Dios se puede deducir que lo hacía, y que específicamente la petición de que Dios le concediera un buen esposo debía ser una de sus prioridades.

Por supuesto, al revisar todo lo que la Biblia enseña acerca de la oración descubrimos que las respuestas a las nuestras no siempre son tan rápidas y evidentes. A menudo necesitamos tener paciencia para orar siempre sin desanimarnos (véase Lucas 18:1), o ser sumisos y decirle al Señor: *"Pero no sea lo que yo quiero, sino lo que quieres tú"* (Mateo 26:39). Además, aunque el matrimonio fue instituido por Dios, y por tanto honroso, y responde a una necesidad social básica de todo ser humano, parece no ser parte del plan divino para todas las personas (véase 1 Corintios 7:17, 25-40).

Cuando las parejas y sus respectivas familias oran por esta petición especial, pueden darse cuenta de cuándo Dios está dirigiendo las cosas y, por consiguiente, reciben disposición y voluntad para aceptar los planes divinos. Cuando Eliezer confrontó a los padres de Rebeca para saber si estaban dispuestos a permitirle que llegara a ser la esposa de Isaac, ellos respondieron: *"Sin duda todo esto proviene del SEÑOR, y nosotros no podemos decir ni que sí ni que no. Aquí está Rebeca; tómela usted y llévesela para que sea la esposa del hijo de su amo, tal como el SEÑOR lo ha dispuesto"* (Génesis 24:50, 51).

Debemos recordar que la oración no debe terminar con la formulación de la petición, sino que al recibir la respuesta debe haber una expresión de gratitud y alabanza por la forma como Dios contestó la oración. Cuando Eliezer supo la respuesta divina a su plegaria, dice el relato bíblico que el hombre se inclinó y adoró al Señor con las siguientes palabras: ***"Bendito sea el SEÑOR,*** *el Dios de mi amo Abraham, que no ha dejado de manifestarle su amor y fidelidad, y que a mí* ***me ha guiado*** *a la casa de sus parientes"* (Génesis 24:26,27, énfasis del autor).

Si sientes que Dios ya contestó tu oración por un buen encuentro, alábalo en ese momento y dile que continúe guiando tu relación. Si aún no has recibido la respuesta divina, no te impacientes porque ciertamente ninguno que espera en el Señor será confundido (véase Salmo 25:3).

Es fundamental que los jóvenes que piensan dar este paso consideren orar persistentemente y procuren el consejo divino, a fin de saber si su conducta y decisión están en armonía con la voluntad de Dios. Una escritora, reconociendo la importancia de la oración en esta etapa, recomendó a los jóvenes que tienen el hábito de orar dos veces en el día que, antes de decidir casarse, lo hagan cuatro veces diarias (*El hogar cristiano,* p.61).

La Palabra de Dios te invita a poner todos tus propósitos, todas tus decisiones y todos tus actos en las manos del Señor, y la promesa es que *"tus proyectos se cumplirán"* (Proverbios 16:3).

Capítulo 3

Valorar el consejo de personas autorizadas

La joven corrió hasta la casa de su madre,
y allí contó lo que le había sucedido.

Pienso que en nuestro contexto cultural de Occidente ningún joven aceptaría que un empleado de su padre fuera el responsable de elegirle la novia y la esposa, como ocurrió en el caso de Isaac. Pero aunque en esta latitud y en esta época la costumbre de seleccionar al cónyuge sea diferente del proceso de selección realizado por Eliezer, sin embargo, lo importante es rescatar, del ejemplo de Isaac, la actitud que deben asumir los muchachos cuando están en el proceso de encontrar a quien será su ayuda idónea por el resto de la vida.

En primer lugar, los hijos no deberían desconocer el consejo de sus padres, y mucho menos si son creyentes y personas de oración, pues con frecuencia Dios habla o responde a través de ellos. En Génesis 24 vemos cómo Isaac confió en la dirección de su padre para este aspecto en el que, infortunadamente, algunos jóvenes creen que es sólo de su incumbencia. Por otra parte, Rebeca demostró cuán importantes eran para ella la opinión y el consejo de sus padres: *"La joven corrió hasta la casa de su madre, y allí contó lo que le había sucedido"* (Génesis 24:28).

El libro de Proverbios advierte a los jóvenes que *los necios desprecian la sabiduría y la disciplina* (1:7). Por lo tanto, dirige una invitación muy especial a quienes aún cuentan con la bendición de tener a sus padres vivos: *"Hijo mío, escucha las correcciones de tu padre y no abandones las enseñanzas de tu madre"* (1:8).

A los jóvenes que gozan de la bendición de tener padres temerosos de Dios se les recomienda no dejar de consultarlos en este asunto:

> "Comunicadles vuestras esperanzas e intenciones, aprended las lecciones que la vida les enseñó" (*El hogar cristiano,* p. 63).

Por otra parte, los padres prudentes siempre deben tener presente que, en lo concerniente a la elección de cónyuges para sus hijos, es preciso respetar sus deseos y derechos, ya que si bien es cierto que éste es un asunto donde ellos deben pedir consejo, también lo es que tomen esa decisión con toda libertad y respeto por su individualidad. La libertad de elección, o libre albedrío, es una facultad que forma parte de la imagen y semejanza de Dios en el ser humano, y ninguna razón justifica que ésta sea anulada.

Tampoco los padres deben considerarse como los únicos consejeros, pues también pueden llegar a serlo algunas personas que tengan conocimiento profesional o experiencia empírica importante que las haga idóneas para brindar la orientación adecuada. Ejemplo de esto es Abraham, quien delegó la delicada responsabilidad de elegir esposa para su hijo al criado más anciano de su casa, que gobernaba todas sus posesiones (véase Génesis 24:2).

Cuando se evalúa el trabajo de Eliezer se puede reconocer cuán acertado fue buscar a una persona tan experimentada y con un alto grado de temor a Dios para cumplir exitosamente esa delicada tarea. De igual manera, los jóvenes deberían valorar el consejo de profesionales en el campo de la psicología y la consejería, quienes además de su conocimiento científico sobre el tema pueden tener, por no estar involucrados filial o emocionalmente, un alto grado de objetividad que les permitirá dar a conocer a la pareja la conveniencia o inconveniencia de su relación.

Es peligroso que una pareja desestime el consejo y la orientación en este asunto tan trascendental. Tal actitud evidencia que ambos están afectados por lo que algunos expertos denominan "infatuación o apasionamiento". Cuando dicha actitud está presente en la relación, los jóvenes se ven impedidos de percibir el valor de someterse a los consejos, o de acatar dirección alguna.

Aunque el consejo humano puede ser de mucho valor, no olviden jóvenes cristianos acudir al más importante consejero: Cristo Jesús, el consejero que nunca falla. Uno de los títulos más hermosos que le atribuyen las Sagradas Escrituras al Mesías es el de Consejero (véase Isaías 9:6). Por lo tanto, ningún joven debería dejar de acudir a Él, pues es el más digno de confianza y a quien podemos entregarle todo lo relacionado con nuestra vida sentimental, a fin de estar seguros de que nuestros planes matrimoniales son acordes, o no, con la voluntad de Dios.

Capítulo
4

Sobre todo, compatibilidad espiritual

Júrame por el SEÑOR, el Dios del cielo y de la tierra,que no tomarás de esta tierra de Canaán, donde yo habito, una mujer para mi hijo Isaac…

Abraham tenía claro que un criterio muy importante a considerar para la elección del cónyuge era la compatibilidad espiritual. El anciano le insistió a su siervo, e inclusive le hizo jurar, que no tomase como esposa para su hijo a una mujer cananea (véase Génesis 24:3,4,7), porque sabía que la compatibilidad espiritual y religiosa era fundamental para mantener un hogar unido.

En el texto sagrado se puede apreciar que cuando Isaac y Rebeca llegaron a ser progenitores fue muy importante para ellos, como lo había sido para sus padres, que sus hijos eligieran personas de su misma fe. Cuando Esaú tomó como esposas a mujeres de naciones paganas, y Jacob quiso hacer lo mismo, dicen las Sagradas Escrituras que esto produjo en sus padres "*mucha amargura*" (véase Génesis 26:34,35; 27:46).

Hoy, este principio es subestimado por muchos jóvenes cristianos, pero la Biblia es contundente en mostrar que este mandato debe ser acatado con toda seriedad por quienes aspiren a establecer una unión bendecida por Dios.

Aunque existe una amplia gama de textos que reafirman esta enseñanza bíblica, quiero destacar sólo algunos pasajes que dejan ver, de manera relevante, la inconveniencia de las relaciones "mixtas", es decir, de los noviazgos o matrimonios entre personas de distinta fe o trasfondo religioso, y especialmente entre un creyente y un incrédulo.

El apóstol Pablo escribió:

> *"No formen yunta con los incrédulos. ¿Qué tienen en común la justicia y la maldad? ¿O qué comunión puede tener la luz con la oscuridad? ¿Qué armonía tiene Cristo con el diablo? ¿Qué tiene en común un creyente con un incrédulo?"* (2 Corintios 6:14,15).

Lograr la unidad en todos los aspectos debería

ser el gran ideal de toda relación, y la Biblia muestra que es imposible que una pareja tenga un frente unido cuando no existe un propósito común: "*¿Pueden dos caminar juntos sin antes ponerse de acuerdo?*" (Amós 3:3). Cuando hay desacuerdo en los intereses espirituales se produce, sobre todo, una constante interferencia en la relación de la pareja que hace difícil tener armonía.

Van Pelt, experta en temas de familia, destaca sobremanera la importancia de que la pareja tenga un mismo propósito en el área religiosa, pues considera que "sin unidad espiritual será imposible lograr unidad total en la comprensión, en la comunicación o el sexo". Además, añade que "la unidad espiritual proporciona un poder superior al que las parejas comunes conocen" (*Felices para siempre*, p. 184).

Salomón fue, lamentablemente, uno de los hijos de Dios que no tuvo en cuenta este principio, y le ocurrió tal como Dios se lo había advertido a Israel:

> *"Ahora bien, además de casarse con la hija del faraón, el rey Salomón tuvo amoríos con muchas mujeres moabitas, amonitas, edomitas, sidonias e hititas, todas ellas mujeres extranjeras que procedían de naciones de las cuales el SEÑOR había dicho a los israelitas: "No se unan a ellas, ni ellas a ustedes,*

> *porque de seguro les desviarán el corazón para que sigan a otros dioses". Con tales mujeres se unió Salomón y tuvo amoríos. Tuvo setecientas esposas que eran princesas, y trescientas concubinas; todas estas mujeres hicieron que se pervirtiera su corazón. En efecto, cuando Salomón llegó a viejo, sus mujeres le pervirtieron el corazón de modo que él siguió a otros dioses, y no siempre fue fiel al SEÑOR su Dios como lo había sido su padre David"* (1 Reyes 11:1-4).

Muchos jóvenes, como Salomón, toman livianamente este mandato, pero el ejemplo de Esdras, cuando se enteró de los matrimonios mixtos entre los israelitas y los hijos e hijas de naciones paganas, revela la actitud que deben asumir los creyentes frente a lo que este escritor consideró pecado:

> *"Al oír esto, me rasgué la túnica y el manto, me arranqué los pelos de la cabeza y de la barba, y me postré muy angustiado. Entonces, por causa del pecado cometido por los repatriados, se reunieron a mi alrededor todos los que obedecían la palabra de Dios. Y yo seguí angustiado hasta la hora del sacrificio de la tarde.*
>
> *A la hora del sacrificio me recobré de mi abatimiento y, con la túnica y el manto rasgados, caí de rodillas, extendí mis manos hacia el SEÑOR mi Dios, y le dije en oración: Dios mío,*

estoy confundido y siento vergüenza de levantar el rostro hacia ti, porque nuestras maldades se han amontonado hasta cubrirnos por completo; nuestra culpa ha llegado hasta el cielo" (Esdras 9:3-6).

Considero que la evidencia de la revelación divina es abrumadora como para subestimar la inconveniencia de establecer relaciones sentimentales, y posteriormente conyugales, cuando hay desigualdad en el plano religioso-espiritual.

Por lo general, la divergencia religiosa no sólo conduce a divergencias espirituales, sino que se extiende a otros aspectos fundamentales del hogar como la recreación, la educación de los hijos, el estilo de vida, etc. Por ser el ajuste matrimonial de por sí difícil, en la mayoría de los casos, no debería añadírsele la carga adicional de las diferencias religiosas.

Es fácil racionalizar este principio y hacerse a la idea de que es posible conseguir una adaptación a pesar de las diferencias religiosas, e inclusive albergar la esperanza de que el uno pueda convertir al otro. La experiencia de muchos revela que, en su mayoría, el creyente no alcanza ese acoplamiento y, por el contrario, debido a las continuas querellas y discrepancias termina sacrificando los principios o renunciando a su fe, y finalmente alejándose de Dios.

Sara, una mujer creyente en Dios, se enamoró de Alejandro, quien profesaba una religión apenas nominal. Después, desacatando el consejo de sus padres y de otros creyentes, decidió casarse con la ilusión o esperanza de que "Alejo" más adelante recibiría al Señor, pues consideraba que él era un buen hombre y que lo único que le faltaba era bautizarse. En cinco años de casados, esta joven pareja lleva dos separaciones, pues Sarita ha descubierto que no es posible que haya verdadera simpatía y compañerismo con su cónyuge, cuya filosofía de vida, sobre todo en las cosas importantes, es diametralmente opuesta a la verdadera religión.

Pese a todas estas advertencias y ejemplos tenemos que reconocer

> "que hay en el mundo cristiano una indiferencia asombrosa y alarmante para con las enseñanzas de la Palabra de Dios acerca del casamiento de los cristianos con los incrédulos. Muchos de los que profesan amar y temer a Dios prefieren seguir su propia inclinación, antes que aceptar el consejo de la Sabiduría Infinita" (*Joyas de los testimonios,* p. 123).

Aun si ambos miembros de la pareja pertenecen a la misma comunidad religiosa y profesan los mismos principios, otra forma de incompatibilidad se da cuando no comparten las mismas prioridades espirituales ni se encuentran en el mismo plano espiritual, porque tienen actitudes diferentes hacia la religión. Es posible que mientras uno asume con más seriedad e importancia lo que tiene que ver con esta área, el otro lo haga más frívolamente o con menos fervor e intensidad que su pareja, produciéndose, así, un distanciamiento entre ellos.

Puesto que la felicidad y el bienestar del matrimonio dependen en gran parte de la unidad de los cónyuges, especialmente en la parte espiritual, ningún creyente debería dar el paso de casarse con alguien que no acepte, dentro de su cosmovisión, los principios divinos, ni tenga como prioridad los intereses eternos.

Raúl se casó con una chica no creyente, argumentando que no iba a renunciar a su libertad de casarse con quien quisiera. No obstante, había olvidado que si bien es cierto que Dios nos ha hecho seres libres, los hijos de Dios debemos recordar siempre que nuestra libertad cristiana está condicionada por la voluntad de Dios, cuyos derechos son prioritarios a nuestros intereses. Por esta razón, Pablo les escribió a las viudas creyentes de Corinto "*que quedaban libres para casarse con quien quisieran*", pero destacó que esa libertad tenía una condición: podían hacerlo "*con tal de que sea en el Señor*" (1 Corintios 7:39).

Uno de los secretos importantes para tener un buen encuentro es acatar, sin cuestionamientos o racionalizaciones, la instrucción del Señor en cuanto a unirnos con alguien que comparta nuestra misma fe, nuestros intereses eternos y prioridades espirituales. ¿Lo harás tú?

Capítulo
5

Compatibilidad en otras áreas

Irás a mi tierra, donde vive mi familia, y de allí le escogerás una esposa.

La compatibilidad espiritual no es la única causa que se debe tener en cuenta para lograr un buen encuentro. Existen otras áreas como la familiar, cultural, social, académica, etc., en las que la compatibilidad también resulta indispensable para mantener una relación armónica. Esto no significa que los miembros de la pareja deban ser iguales, y además, aunque tal meta se deseara, no sería posible.

Abraham parecía entender muy bien la importancia de la compatibilidad en todas las áreas, ya que no sólo le pide al criado que busque una mujer de su misma fe, sino de su misma tierra y parentela (véase Génesis 24:5). Según García Marenko,

> "Ha sido generalmente aceptado que los matrimonios entre personas semejantes tienen más probabilidades de éxito. Las investigaciones parecen corroborar esta afirmación. Hay aspectos en los que la heterogamia no representa tal vez mayores riesgos. Pero en todos los casos, los que escogen esta forma de unión matrimonial pueden estar plenamente conscientes de los peligros que puede representar para su felicidad matrimonial" (*Noviazgo feliz,* p. 23).

Si bien es cierto que nunca encontraremos a la persona perfecta, también lo es que si hacemos gala de buenos criterios selectivos correremos menos riesgos de infelicidad.

Por consiguiente, la pareja debe explorar aquellas diferencias que son más sutiles, pero que pueden causar conflicto en una relación matrimonial y, por supuesto, dedicarse a conocer las diferencias profundas de pensamiento que existan entre los dos.

Algunas parejas no abordan las diferencias, ni les preocupa que existan, porque piensan que pueden modificarlas ante cualquier situación que surja. Pero la realidad es que cambiar nuestras expectativas y nuestra forma de ver las cosas es sumamente difícil. Después de casados es común escuchar decir a algunos cónyuges: "Él resultó ser supertacaño y nunca va a cambiar", o "para ella primero está el trabajo que los hijos, pues dice que no estudió para quedarse cuidando niños, y por lo tanto nunca lo va a hacer".

Además, si una pareja muy disímil llegara a casarse, tendría que hacer muchos cambios en su matrimonio, y está probado que cuando la relación requiere de muchos cambios, especialmente si cada cónyuge proviene de medios culturales bien diferentes, las probabilidades de fracaso son mayores.

Algo que sucede comúnmente entre las parejas jóvenes es que poco tiempo después de la boda sufren una decepción profunda, porque llegan al matrimonio con diferentes ideas acerca del trabajo, las responsabilidades en el hogar, la relación con otros miembros de la familia, el manejo de las finanzas, etc., y cuando estas dificultades se confrontan se convierten en una gran fuente de estrés y conflicto.

Una experiencia que ilustra este punto fue la de Carolina cuando se casó con Emilio. Ella tenía la expectativa de que su esposo la acompañaría a hacer el mercado semanalmente, pues esto era lo que había visto en casa de sus padres. Pero por otra parte, Emilio consideraba que Carolina debía hacerlo a diario, pues así lo hacía siempre su madre. Además, pensaba que ella debía ir sola, pues en su opinión éste era un deber de las mujeres. Pronto la tensión se incrementó en la pareja, por esta y otras diferencias que surgieron por haberse casado con diferentes expectativas, sin haber sospechado que podrían afectar la relación matrimonial.

Por esta razón no debe haber apresuramiento en el noviazgo, a fin de que los novios tengan el tiempo y las oportunidades necesarias para familiarizarse con sus mutuos temperamentos y costumbres, y no llegar al matrimonio como dos desconocidos.

Ante tal realidad, resulta indispensable que las parejas compartan sus ideas, que a menudo son contradictorias, y aborden el tema de las respectivas diferencias con el propósito de construir una relación basada en el entendimiento y conocimiento de la otra persona. De esta manera podrán llegar a acuerdos básicos y evitar que estén a las puertas del matrimonio con supuestos equivocados. Este proceder les permitirá entender por qué su pareja reacciona como lo hace, y por qué se comporta de manera "inexplicable". Ahora, es preciso advertir que tal conocimiento no elimina por arte de magia los problemas o malentendidos, pero sí puede facilitar la solución de problemas, pues no por el hecho de conocerse bien y haber aprendido a entenderse, dejarán de encontrar áreas de desacuerdo.

Las diferencias no son de por sí negativas; aun, existen pruebas psicológicas que ayudan no sólo a advertir sino también a apreciar su riqueza, y a permitir que estas diferencias favorezcan la relación, en vez de destruirla. Sin embargo, es preciso reconocer que entre algunas personas existen diferencias irreconciliables, y personalidades tan opuestas que lo único que se puede esperar de su unión son fricciones e incomprensión, y la frustración de tratar de cambiar al otro sin lograrlo.

Por esto, quienes no están dispuestos a adaptarse al otro en sus disposiciones, y quieran evitar las divergencias y contiendas desagradables que arruinarán su felicidad, no deberían dar el paso matrimonial.

Pero, ¿cómo saber si una pareja es o no compatible? Si definimos compatibilidad como afinidad o entendimiento, entonces diríamos que dos personas son compatibles cuando se entienden en la comunicación. Pero hay parejas que casi siempre tienen puntos de vista opuestos y son incapaces de entender la visión del otro: esto es una señal de incompatibilidad.

Otra forma como se percibe la compatibilidad o incompatibilidad en una pareja es por la manera como se sienten con respecto a los modales, estilo de comunicación y forma de expresar su afecto. Cuando se es compatible se tiene una sensación de bienestar general con el otro, no existen dudas en cuanto a la relación, y hay una disposición generosa para aceptar al otro como es, con sus cualidades y defectos. Aunque reconocen que son diferentes, logran mantener la armonía y una relación satisfactoria para ambos.

La incompatibilidad se refleja cuando existen diferencias muy marcadas de personalidad que permanentemente suscitan conflictos. Las parejas que pasan más tiempo discutiendo que disfrutando de la relación deberían revaluar su caso con cuidado, porque esto podría ser una luz roja que advierte acerca de la inconveniencia de seguir manteniendo la relación.

Antonio y Marta hicieron caso omiso de esta advertencia, y aunque su noviazgo fue tormentoso desde el comienzo y caracterizado por frecuentes peleas, rupturas y reconciliaciones provisionales, decidieron continuar con la relación y posteriormente casarse. Hoy se han dado cuenta de que las cosas no mejoraron, pues siguen teniendo discordias muy frecuentes, y a pesar de sus esfuerzos son conscientes de que probablemente no podrán resolver sus conflictos ya que no pueden adaptarse armónicamente el uno con el otro.

Otro agente que también propicia la incompatibilidad es la diferencia de edad, de trasfondo cultural, de nivel económico y académico. Estas diferencias no deberían subestimarse porque con frecuencia causan muchas divergencias, y por lo general hacen imposible el acoplamiento.

En el trasfondo familiar, un ejemplo de cómo la incompatibilidad puede afectar la relación es cuando la gente con frecuencia usa a su familia de origen como referencia para el tipo de matrimonio y familia que quiere conformar. Si los miembros de una pareja provienen de sistemas familiares totalmente diferentes, es muy probable que se les dificulte crear un estilo de relación compatible que funcione para ellos.

Una forma de incompatibilidad, que resulta muy peligrosa si no se trata debidamente en el noviazgo, es la relacionada con los intereses y objetivos para la vida. Las personas deberían estar seguras de que su pareja tiene intereses y metas compatibles con los suyos. A veces se llega al matrimonio con algunos supuestos de que la pareja coincidirá y compartirá los objetivos personales, pero cuando se abordan en la vida matrimonial se verifica que lo que asumieron como un hecho no es visto por el otro de la misma manera. Por ejemplo, cuando alguien tiene la expectativa de tener dos o tres hijos, y al otro no le interesa tenerlos o, como máximo, sólo desea uno.

Por lo general, tarde o temprano dichas diferencias trascenderán a otras áreas de la relación, y el ajuste que se requiere por parte del otro se volverá muy traumático, y a veces imposible, por la presencia de estructuras de pensamiento o culturales, que son muy difíciles de cambiar. El noviazgo es la mejor etapa para identificar esas diferencias, y las personas deben ser honestas consigo mismas y con sus parejas para reconocer hasta qué punto pueden convivir con ellas, aceptándolas o tolerándolas, o si definitivamente es necesario tomar una decisión drástica porque son muy marcadas y dificultarán el ajuste y el acoplamiento satisfactorios de la pareja.

De modo que el ajuste entre individuos es una variable crítica para determinar cuán funcional y satisfactoria será una relación. Creo que todo joven debería temblar frente a la solemnidad de la siguiente cita, en la que se ponga en evidencia el peligro de establecer una relación con una persona incompatible.

> "Satanás está activamente ocupado en influir sobre aquellos que son totalmente incompatibles el uno con el otro, para que unan sus intereses. Se regocija en esta obra, porque por ella puede producir más miseria y desdicha desesperada a la familia humana que por el ejercicio de su habilidad en cualquier otra dirección" (*Cartas a jóvenes enamorados*, p.29).

Capítulo 6

Sin presiones

—¿Quieres irte con este hombre?
—Sí —respondió ella.

Algunos concluyen que los padres que seguían este modelo ilustrado en Génesis 24 con el propósito de conseguir un cónyuge para un hijo no respetaban los deseos de ellos. Pero ésta no es la enseñanza bíblica. Por ejemplo, en el caso de Rebeca se percibe que la familia respetó su decisión y deseos, pues le preguntaron si deseaba irse con ese hombre, a lo que ella respondió que sí (véase Génesis 24:58).

Así mismo, Abraham le aclaró a Eliezer que si la mujer no quería volver con él para casarse con Isaac, el criado quedaría libre del juramento (véase 24:8).

Además, se percibe que cuando Isaac conoció

a Rebeca no se sintió obligado a aceptarla como esposa porque era la mujer que le habían escogido. Dice el relato bíblico: *"Luego Isaac llevó a Rebeca a la carpa de Sara, su madre, y la tomó por esposa. Isaac amó a Rebeca, y así se consoló de la muerte de su madre"* (Génesis 24:67). Si él hubiera sido presionado a tomarla por esposa, pienso que el epílogo de este romance habría sido muy diferente.

La Biblia presenta el ejemplo de Jacob, que fue forzado por Labán a aceptar por esposa a una mujer a quien no amaba. Cuando se dio cuenta, le reclamó a su suegro, diciéndole: "*—¿Qué me has hecho? ¿Acaso no trabajé contigo para casarme con Raquel? ¿Por qué me has engañado?*" (29:25). Después que Jacob trabajó otros siete años por la mujer a quien amaba, el relato termina diciendo: *"Jacob entonces se acostó con Raquel, y la amó mucho más que a Lea"* (29:30).

Si hay una decisión que se debiera tomar en un marco de libertad y sin ninguna clase de presión, es la del matrimonio. Lamentablemente, hay muchos casos en los que esta decisión se toma bajo la coacción ejercida por alguno de los novios, aunque el otro no esté listo o deseoso de hacerlo aún, o por los padres, familiares o, incluso, por miembros de la iglesia a la cual pertenezcan.

Otros no se casan por presiones personales,

pero sí por razones muy equivocadas como la conveniencia económica, circunstancial o política, la atracción sexual o la apariencia física, por situaciones insoportables que viven en sus hogares, embarazo, rebelión contra los padres, compasión o despecho por alguna ruptura anterior.

Un ejemplo de esta última razón fue lo que ocurrió con Claudia, quien se encontraba muy desilusionada por haber terminado su noviazgo de cuatro años con Carlos. Al aparecer Jaime, como ella creyó que "un clavo saca otro clavo", decidió formalizar una relación sentimental con él, y para no correr de nuevo el riesgo de "perder tiempo" con otra persona, decidió casarse a los seis meses.

Cuando los encantos de la luna de miel empezaron a desaparecer, descubrió que no había conocido bien a Jaime y que estaba decepcionada por algunas cosas que no le gustaban. Entonces reconoció que había cometido el error de no permitirse el proceso de duelo por la terminación del noviazgo anterior, y el haber asumido el riesgo de casarse apresuradamente, sin dejar que las máscaras que todos los enamorados se ponen cuando están de conquista se deslizaran para haber podido conocerlo como realmente era.

Cuando las parejas llegan al matrimonio con motivos o razones equivocadas, las probabilidades de que les vaya mal son muy altas. De ahí que es conveniente, antes de contraer matrimonio, que cada joven examine cuidadosamente los motivos que lo están induciendo a tomar esa decisión.

Quiero mencionar ahora una presión indebida que se realiza en algunos círculos eclesiásticos, especialmente sobre las chicas "maduras". A menudo se refieren a ellas con términos peyorativos como "solteronas", "las dejó el tren", etc. Pero si revisamos lo que dice el apóstol Pablo acerca de la soltería, en 1 Corintios 7, encontramos que es una opción legítima, y en ciertas circunstancias hasta conveniente. Es decir, que no hay nada malo en permanecer soltero y, por lo tanto, no se debería considerar como algo "raro".

Debemos admitir que el soltero no siempre lo es por un acto voluntario. Muchas veces su estado se debe a fracasos en el noviazgo, a perspectivas no alcanzadas, a no haber encontrado a la persona adecuada, a tener pretensiones demasiado altas, etc. Pero sea por la razón que fuere, no debemos presionarlos a que se casen, ni hacerlos sentir culpables. Por el contrario, nuestra actitud debe ser de simpatía y cordial acercamiento a ellos.

Por otro lado, Pablo dice: *"Pero el casado se preocupa de las cosas de este mundo y de cómo agradar a su esposa"* (1 Corintios 7:33). A la luz de este texto, Roldán aconseja:

> "Es bueno que el soltero utilice su soltería para dedicarse a una intensa acción de servicio en bien del prójimo, dentro y fuera de la iglesia. Ello, indirectamente, le permitirá superar sus pensamientos negativos, de autoconmiseración, resentimiento y frustración. En otros términos, debe aprender a vivir aquel axioma de san Pablo: *'A todo puedo hacerle frente, pues Cristo es quien me sostiene'*" (Filipenses 4:13, *Dios Habla Hoy*).

Debo aclarar que, por supuesto, no todos los solteros maduros experimentan este tipo de pensamientos o sentimientos negativos. Hoy la edad de casarse se está posponiendo, y muchos han aprendido a asumir su soltería disfrutando de su independencia financiera, tratando de lograr una mayor preparación académica, viajando más o gozando de mayor libertad personal, etc.

Por otra parte, hay que recordar que no todos los noviazgos necesariamente deben terminar en matrimonio. Cada uno debe conservar su derecho de decisión, y sentirse libre para elegir inteligentemente al cónyuge para su vida. A veces hay tanta presión por parte de uno de los integrantes de la relación que, aunque el otro crea y sienta que no debe continuar con ésta, y mucho menos casarse, el primero se inventa todos los trucos imaginables para evitar la ruptura.

Pero, ¿cómo salir de una relación "interminable", que debe terminar? Veamos algunas sugerencias:

1. Pídele a Dios que te ayude a tomar decisiones con responsabilidad.
2. Encara el problema. Esto requiere de valentía, pero recuerda que los problemas no se resuelven huyendo o ignorándolos.
3. Utiliza la técnica de Franklin. Escribe las ventajas y desventajas de continuar con la relación, y de terminarla. Este ejercicio te ayudará a identificar cuáles son las razones que te impulsan a continuar, y cuáles a "cortar".
4. Pide la opinión de personas de criterio que te puedan ayudar a aclarar el panorama.
5. Decide que la razón triunfe sobre la presión, el sentimiento, el chantaje emocional, el temor, etc. Por ejemplo, no te dejes engañar con promesas imposibles de cumplir, tales como "Yo voy a cambiar totalmente", ni de frases chantajistas como "Tú serás responsable de mis fracasos", o "Me voy a suicidar porque no puedo vivir sin ti", etc.
6. Haz lo que debas hacer, sin titubeos. Si debes asumir lo peor que puede pasar, Margarita Moreno recomienda lo siguiente:

"Si hay algo que te tortura, que te mantiene inquieto, que racionalmente entiendes que debes darle una solución y descubres cuál es el camino correcto, pero no te sientes capaz, ni te atreves, simplemente ¡hazlo! No hay otro camino. Sin anestesia, sin disculpas, sin aplazamientos. Toma aire, piensa en el cómo y decídete, porque sólo en tus manos está y es una falacia pensar que el tiempo se hará cargo del fin" (*Ser familia,* p. 24).

7. Sé asertivo. Las personas asertivas aprenden a decir "no" sin sentirse culpables. En el último capítulo de este libro desarrollaremos más ampliamente este concepto.

Ningún otro motivo que el amor puro, la seguridad de estar haciendo la voluntad de Dios y la certeza de que se está eligiendo a la persona adecuada con la cual verdaderamente se quiere compartir y disfrutar el resto de la vida, debiera impulsar el casamiento.

Recordemos que Dios le ha dado a los seres humanos el maravilloso don del libre albedrío y que, por lo tanto, a nosotros nos toca ejercer apropiadamente esta facultad de elegir.

Capítulo
7

En busca de oportunidades

Aquí me tienes, a la espera junto a la fuente, mientras las jóvenes de esta ciudad vienen a sacar agua.

A escala mundial, la población, tanto femenina como masculina, está distribuida casi en forma proporcional, lo que significa que hay tantos hombres como mujeres. Esto quiere decir que, potencialmente, el hombre y la mujer tienen casi la misma posibilidad de conseguir pareja. ¡Por fortuna!

Sin embargo, esas mismas proporciones no se dan en algunas comunidades. Éste es el caso de una denominación religiosa que conozco, donde el número de mujeres es mayor que el de hombres. Los porcentajes oscilan entre el 65% y el 35%, respectivamente, lo que significa que, potencialmente, las probabilidades para una mujer de encontrar pareja dentro de su misma comunidad se reducen de manera ostensible. Esta realidad trae consigo otros problemas: una joven se puede ver tentada a contraer matrimonio con alguien que no sea de su religión y, como ya se observó en un capítulo anterior, en una pareja desigual siempre existen muchos peligros latentes, sobre todo en el ámbito de lo religioso y de la fe.

La experiencia de Eliezer, como reza el dicho popular, no se improvisó. La Biblia dice que buscó el momento preciso y el lugar apropiado donde poder observar a un buen número de doncellas que salían a buscar agua para llevar a sus casas (véase Génesis 24:11-14), porque sabía que una de ellas podría llegar a ser la esposa del hijo de su amo.

La lección que se puede derivar de este episodio, es que los jóvenes deberían aprovechar las oportunidades que se les presentan para conocerse y relacionarse con personas del sexo opuesto, a fin de aumentar sus posibilidades de encontrar a su futura pareja.

Por ejemplo, quienes estudian en una institución de su misma iglesia tienen mayores probabilidades de casarse con alguien que profese su misma fe, que aquellos que estudian en lugares donde no hay tales compañeros.

Hay muchos padres, y aun jóvenes, que no aprecian el valor de eventos y actividades que permiten la integración de los muchachos y chicas. En consecuencia, esta actitud puede contribuir a que ellos vean reducidas sus posibilidades de hacer amistades y de tener un abanico más amplio de opciones.

Los padres deben tener una actitud que favorezca, especialmente a sus hijas, a tener amigos y admiradores. Por desgracia, hay algunos que se muestran tan hostiles cuando se enteran de que tienen pretendientes, que los interesados, a menos que posean un gran espíritu de osadía, se desaniman porque no se sienten con capacidad para superar esa barrera. Además, se corre el riesgo de que cuando el suegro manifieste una actitud más abierta, o tenga menos influencia sobre su hija, se hayan perdido las mejores oportunidades, pues los buenos pretendientes quizá se habrán relacionado con otra persona.

Por otra parte, hay jóvenes que por su timidez, o por otras razones, sencillamente no piensan en la importancia que tienen estas oportunidades para encontrar a la persona idónea para compartir el resto de su vida.

Otra forma común de perder oportunidades en este sentido es cuando se establecen círculos muy cerrados con amigos del mismo sexo, porque si alguien tiene interés en ellos no encontrará cómo estrechar una relación que favorezca un noviazgo.

Nuestros jóvenes deben aprender a utilizar la pericia de Eliezer, a fin de no desperdiciar los caminos que, a veces, se abren para encontrar al compañero de su vida. Aunque el criado sabía que Dios estaba conduciendo todos los hechos, también comprendía su parte como colaborador del plan divino.

Los jóvenes deberían estar atentos a los lugares y oportunidades en los que Dios puede ayudarlos a tener ese buen encuentro. Cuántos lo lograron en un viaje de vacaciones, una fiesta, el lugar de estudio o trabajo, un aeropuerto, el bus de regreso a casa o a la salida de la iglesia. Conocí el caso de una pareja felizmente casada cuyo primer encuentro no fue necesariamente feliz, pues ambos fueron protagonistas de un leve accidente de tránsito, y mientras discutían la solución del choque surgió la llamita del mutuo interés.

Apreciado lector, no pierdas la posibilidad de tener un buen encuentro, a la espera de que Dios haga lo que Él te ha permitido hacer por ti mismo.

Capítulo
8

En busca de virtudes

Permite que la joven a quien le diga: "Por favor, baje usted su cántaro para que tome yo un poco de agua", y que me conteste: "Tome usted, y además les daré agua a sus camellos", sea la que tú has elegido para tu siervo Isaac.

Es muy común que el primer impulso a enamorarse de una persona del sexo opuesto esté basado en la atracción física. Pero aunque esto es importante, como veremos más adelante, el primer criterio de selección que tuvo Eliezer sirve para enseñar a la juventud la importancia que tiene considerar como prioritarios los atributos del carácter, antes que cualquier otra cosa.

Creo que en nuestra cultura occidental se ha exagerado la importancia de lo externo: la apariencia física, la ropa, el cuerpo, las medidas, etc.

Pero, reitero, aunque estas cosas tienen su lugar no deberíamos dejar de ver el énfasis dado por la Palabra de Dios a los criterios que deben atraer mayormente a los jóvenes cristianos cuando procuran una pareja, y luego un cónyuge.

La prueba que Eliezer puso a Dios para identificar a la mujer que más convenía a Isaac parecería poco importante, pues sencillamente era que no sólo le ofreciera agua a él, sino que también tuviera la iniciativa de darle de beber a los camellos (véase Génesis 24:14). Cuando pensamos en la molestia que a veces puede representar el hecho de compartir un simple vaso de agua con alguien, entonces concordamos en que darle litros y litros de agua a esos camellos era una señal no sólo de una mujer servicial, sino de alguien con cualidades y atributos de carácter que sólo caracterizan a las mujeres virtuosas (véase Proverbios 31:10-31).

La Biblia siempre destaca más la belleza interna que la externa, y una razón de ello es porque "*engañoso es el encanto y pasajera la belleza*" (Proverbios 31:30). Pedro también escribió: "*Que la belleza de ustedes no sea la externa, que consiste en adornos tales como peinados ostentosos, joyas de oro y vestidos lujosos. Que su belleza sea más bien la incorruptible, la que procede de lo íntimo del corazón y consiste en un espíritu suave y apacible. Ésta sí que tiene mucho valor delante de Dios*" (1 Pedro 3:3,4).

Debido a la importancia que tienen las actitudes y cualidades en los hijos de Dios, los jóvenes cristianos deberían darle gran importancia al hecho de formar y cultivar los atributos del carácter y la personalidad, de tal manera que estos brillen más que cualquier otro adorno exterior. Que lo que más atraiga de ti, a la otra persona, no sean los aspectos fugaces, sino aquellas cualidades que no sólo permanecen, sino que inclusive pueden ser objeto de mejoramiento continuo.

No obstante, hay que advertir que la Palabra de Dios no presenta las cualidades o atributos del carácter como un asunto que el ser humano pueda producir por sí mismo, o por virtud propia, sino como fruto del Espíritu Santo y don divino que sólo puede ser adquirido como resultado de la contemplación permanente de Aquél que dijo: *"Aprendan de mí, pues yo soy apacible y humilde de corazón"* (Mateo 11:29; Gálatas 5:22,23 y 2 Corintios 3:18).

Dentro de las cualidades que se espera tenga una futura esposa, una escritora destaca las siguientes:

> "Tenga el esposo por compañera a una mujer capaz de asumir su parte en las responsabilidades de la vida, y cuya influencia le ennoblezca, le comunique mayor refinamiento y le haga feliz en su amor".

Además, agrega que los jóvenes deberían preguntarse si ella sabe de economía o si, una vez casada, dedicará el dinero a satisfacer la vanidad y las apariencias. También es importante que observe si es paciente, cuidadosa, laboriosa, etc. (*El hogar cristiano*, p. 37).

Lamentablemente, por minimizar estas cualidades en la persona que seleccionaron muchos hombres consiguen una esposa más preocupada por el espejo que por preparar una comida sana o por atender los cuidados que requieren los hijos y el hogar.

Me impresionó grandemente uno de mis alumnos, quien a pesar de su tierna juventud no sólo estaba "descrestado" con la hermosura de su novia, sino también con sus cualidades. En una ocasión me dijo: "Pastor, estoy de acuerdo con la clonación humana". Evidentemente muy sorprendido, le pregunté: "¿Por qué?" Él me contestó que como admiraba mucho a su novia porque era tan espiritual, inteligente, humilde, sincera, y además sabía cocinar muy bien, entonces valía la pena que en este mundo hubiera muchas mujeres como ella.

Pero las virtudes de carácter no sólo deben ser cualidades femeninas, sino también masculinas. Cuando Pablo le escribió al joven Timoteo, le demandó: "*Que nadie te menosprecie por ser joven. Al contrario, que los creyentes vean en ti un ejemplo a seguir en la manera de hablar, en la conducta, y en amor, fe y pureza*" (1 Timoteo 4:12). Tales atributos on los que debieran observar las mujeres de hoy en los hombres, pues éstas son virtudes que caacterizan a los verdaderos seguidores de Jesús. Lamentablemente, muchas jóvenes no son atraídas por estas cualidades, sino por cosas tan superfluas como un arete, un corte de cabello, etc.

Consideremos en la siguiente declaración las cualidades que debería tener un joven cristiano:

> "Acepte la joven como compañero de la vida tan sólo a un hombre que posea rasgos de carácter puros y viriles, que sea diligente y rebose de aspiraciones, que sea honrado, ame a Dios y le tema".

Además, se aconseja a las mujeres que rehuyan a los irreverentes, los ociosos, los profanos y viciosos (*El ministerio de curación,* p. 277).

Cuántas mujeres son, en la actualidad, cabezas de hogar, no porque hayan enviudado sino porque cuando eligieron a sus esposos no les importó, en muchos casos, si eran alcohólicos, irresponsables o poco emprendedores.

De modo que es importante que los jóvenes de ambos sexos pesen todo sentimiento y observen todo desarrollo del carácter de la persona escogida para vincular el destino de su vida. Realicen un examen cuidadoso para ver si su matrimonio va a ser feliz o miserable. No procedan como si el amor mutuo fuera lo único que cuenta, sino que consideren aquellos factores que facilitarán o dificultarán la asociación.

Recuerden, jóvenes, que

> "El amor verdadero no es una pasión impetuosa, arrolladora y ardiente. Por el contrario, es sereno y profundo. Mira más allá de lo externo, y es atraído solamente por sus cualidades. Es prudente y capaz de discernir claramente… Los que son movidos por el amor verdadero no carecen de juicio ni son ciegos" (*Cartas a jóvenes enamorados*, p. 30).

A manera de reflexión, concluyo este capítulo con las palabras de Ortega y Gasset: "La belleza que atrae, rara vez coincide con la belleza que enamora".

Capítulo
9

La atraccción física

La joven era muy hermosa...

Algunos consideran que al cristiano no debería interesarle lo relacionado con la apariencia física en la aceptación de un novio o una novia, porque afirman que "lo importante son las cualidades". Aunque esta declaración parezca espiritual, no es bíblica. Cuando en Génesis 24:16 se destaca la apariencia física de Rebeca, es porque tiene una relevancia en la atracción que se da entre un hombre y una mujer.

Aunque la Biblia no resalta el aspecto exterior por encima de la belleza interior, también es cierto que no lo ignora. Por supuesto, existe un gran peligro cuando la elección se basa únicamente en la apariencia física, como le pasó a Sansón, que aunque fue advertido de la inconveniencia de una relación amorosa con una filistea, respondió: *"¡Pídeme a ésa, que es la que a mí me gusta!"* (Jueces 14:3).

Es peligroso confiar demasiado en los impulsos. White recomendó a los jóvenes "no ceder con demasiada facilidad, ni dejarse cautivar con prontitud excesiva por el atractivo exterior de quien dice amarlos" (*El hogar cristiano*, p. 46).

Hay otro ejemplo bíblico sobre el lugar que ocupa la atracción física: el registro sagrado menciona que Jacob fue engañado por Labán, quien lo hizo trabajar siete años por Raquel, pero al final le dio a Lea. Cuando Jacob se dio cuenta del engaño, protestó ante su suegro y estuvo dispuesto a trabajar durante siete años más por la mujer a quien él verdaderamente quería. Aunque ambas mujeres tenían su gracia, *"Lea tenía ojos apagados, mientras que Raquel era una mujer muy hermosa"*. Jacob fue atraído por la "química" de la hija menor de Labán (véase Génesis 29:17).

Otro ejemplo bíblico de la atracción física o la "química" es el de Adán, al ver por primera vez a Eva. Cuando Dios le trajo a la mujer que había formado de una de sus costillas, Adán quedó tan asombrado ante la maravilla de esa mujer, que se inspiró y le dijo el que se constituye en el primer poema de amor de un hombre a una mujer: *"Ésta sí es hueso de mis huesos y carne de mi carne. Se llamará "mujer" porque del hombre fue sacada"* (Génesis 2:23). Aunque en nuestro estilo literario este poema no resulte muy romántico, los especialistas en literatura hebrea consideran que esas palabras contienen una profunda inspiración que, seguramente, fluyó por el gusto que le produjo la mujer que Dios le dio por compañera.

Estos incidentes revelan, una vez más, que no se puede desconocer el hecho de que los seres humanos somos atraídos no sólo por cualidades espirituales o morales, sino también por las físicas. Si bien es cierto que una unión basada solamente en la atracción física y sexual no garantiza un matrimonio feliz en el futuro, tampoco lo haría el tener sólo una relación espiritual, que no deje lugar a ninguna atracción sexual mutua. Por lo tanto, es conveniente considerar la importancia de aceptar a una persona cuyo aspecto físico nos agrade.

Pero, ¿qué nos hace sentir atraídos por otra persona? Esto tiene que ver con nuestra historia personal, con las asociaciones positivas y negativas que hagamos acerca de distintas características personales, como son el tipo de cuerpo, el color del cabello, un atributo como la inteligencia o una cualidad como la amabilidad, etc.

Notemos el siguiente ejemplo, Alexander no se sentía atraído por las chicas de una región en particular, porque siempre había escuchado decir en su familia que eran mujeres "muy flojas". Otro muchacho no sentía atracción por las jóvenes de determinado color de piel, porque en su casa había visto cómo su madre discriminaba peyorativamente a las mujeres de esa raza.

Alguien podrá preguntarse qué esperanzas tenemos quienes no hemos sido dotados de atributos físicos sobresalientes, que nos hagan personas atractivas.

Los estudios revelan que el 95% de la población mundial opta por vivir en pareja, mediante una relación matrimonial o bien una unión de hecho o cohabitación, lo que demuestra que quienes somos poco agraciados o atractivos también encontramos personas a quienes les gustamos y se interesan en nosotros. "Para cada tiesto hay su arepa", dice un refrán, y esto es una realidad cuando de conseguir pareja se trata.

Por otra parte, si estamos conscientes de nuestras limitaciones físicas, pero somos prolijos en nuestro arreglo personal, refinados en nuestros modales y especiales en nuestras relaciones interpersonales, sumado a la belleza del carácter de Cristo reflejado en nuestra vida, lograremos que cualquier fealdad que tengamos sea casi cubierta y se magnifiquen todos aquellos atributos físicos, intelectuales, morales y espirituales que harán de nosotros personas con "un no sé qué... y un no sé cómo...", que logren despertar el interés de otra persona.

Personalmente, creo que no existe cristiano

genuino feo, pues la belleza de un carácter semejante al de Cristo sobrepasa las más bellas piedras preciosas. El profeta declaró de Cristo que *"no había en él belleza ni majestad alguna; su aspecto no era atractivo y nada en su apariencia lo hacía deseable"* (Isaías 53:2). Sin embargo, no por ello su plan y misión de conquistarnos y salvarnos fueron frustrados, ni tampoco dejó de ser el *"Deseado de todas las gentes"* (Hageo 2:7 Versión Reina Valera).

Fue precisamente cuando muchos se asombraron al ver que el Salvador *"tenía desfigurado el semblante; ¡nada de humano tenía su aspecto!"* (Isaías 52:14) y sin embargo, fue en ese momento cuando tuvo más poder para atraernos a él mismo (véase Juan 12:32).

Así como en el plano espiritual nuestra apariencia de justicia no es mejor que un *"trapo de inmundicia"* (Isaías 64:6), y sólo hasta cuando Cristo nos cubre con su manto de justicia es que somos hermoseados en extremo (véase Ezequiel 16:3-13), lo mismo pasa en el plano físico. Una persona bella, pero sin los atributos del carácter de Cristo, tiene una hermosura que no es mejor que: *"argolla de oro en hocico de cerdo"* (Proverbios 11:22), o para decirlo más suavemente, *"vanidad de vanidades"* (Salomón). Sólo cuando esos atributos físicos se combinan con las virtudes que deben caracterizar la vida de un cristiano, la belleza física cobra un valor agregado y deja de ser sólo una apariencia.

Otro aspecto importante a considerar en este asunto de la belleza es destacar la importancia que juega la valía personal para aprender a aceptarnos tal y como Dios nos hizo, no de una forma resignada sino mediante un reconocimiento de que somos especiales por ser hijos de Dios, tanto por creación como por redención, pues fuimos comprados a un gran precio, a causa del sacrificio efectuado por nuestro Señor Jesucristo.

Diferentes estudios demuestran que una persona con una autoimagen pobre siente que vale poco, y aunque sea simpática o bonita, siempre va a tener una percepción equivocada de sí misma. Por otra parte, aunque alguien con una apropiada valía personal no tenga la belleza que puedan poseer otras personas, no por eso se sentirá inferior, ni degradado o desagradable, ni pensará que merece el rechazo de los demás.

Cuán oportunas resultan las palabras registradas en las Sagradas Escrituras, donde Dios nos dice personalmente: *"Porque te amo y eres ante mis ojos precioso y digno de honra... Trae a todo el que sea llamado por mi nombre, al que yo he creado para mi gloria, al que yo hice y formé"* (Isaías 43:4,7).

El tener un buen encuentro también implica conseguir a una persona con quien seamos físicamente compatibles, con quien nos sintamos a gusto y, sobre todo, aceptados.

Capítulo
10

Importancia de la virginidad y la castidad

La joven era muy hermosa, y además virgen, pues no había tenido relaciones sexuales con ningún hombre.

Cada vez es mayor el número de personas que consideran que la virginidad, o la castidad, no es importante y, que por lo tanto, no hay necesidad de esperar hasta el matrimonio para tener relaciones sexuales. Según el último gran estudio de Profamilia sobre la salud sexual en Colombia (año 2000), sólo el 31% de las mujeres colombianas llega virgen a los 20 años. No existen cifras sobre cuántas mujeres y hombres esperan llegar vírgenes al matrimonio (citado por la revista *Diners*).

Lamentablemente, muchos reducen la virginidad sólo a la parte física y consideran que no se le debe dar tanta importancia a ese tejido llamado himen, ya que inclusive hoy se puede reconstruir sin mayor dificultad mediante una sencilla cirugía. Si la virginidad es vista únicamente desde esta perspectiva, podría ser válido no darle tanta relevancia, pero creo que cuando la Palabra de Dios se refiere a la importancia de la virginidad, está incluyendo, más que la parte física, la preservación de una conducta casta, pura, moralmente ética y agradable a los ojos de Dios.

La castidad es una demanda divina, no sólo para las mujeres sino también para los hombres. (véase 1 Tesalonicenses 4:3-5). Por consiguiente, ningún joven cristiano debe dejar que las influencias "machistas" sean el modelo con respeto a la conducta sexual a seguir, sino tener en cuenta que el único referente para guiarse con respeto a lo que debe o no debe hacer, es la Palabra de Dios, y no la costumbre o la cultura social imperante.

Aunque Fabián, un muchacho de 28 años, es muy apuesto y algunas muchachas le han dicho que "si quiere les quita su virginidad", él no ha cedido a tener relaciones sexuales porque considera que debe entregarse en esa condición a la persona que llegue a ser su esposa, pues el sexo debe hacerse por amor y no sólo por placer.

Cuando la Biblia menciona que Rebeca era virgen y que no había "conocido" o tenido relaciones sexuales con ningún varón (véase Génesis 24:16), es porque la pureza sexual es un principio importante que debe ser obedecido por cada uno de los miembros de la pareja antes de su matrimonio. Algo que también debe esperarse de la otra persona con quien uno se vaya a casar.

Como no todo noviazgo termina finalmente en un matrimonio, los novios deberían conservar su integridad física, emocional, mental y espiritual. Ninguno debe salir afectado en su integridad personal, tanto si se termina la relación como si se realiza la boda. Para ambas experiencias resulta favorable salir incólumes del noviazgo.

Le estoy dedicando a este capítulo más espacio que a cualquier otro, porque considero que lo que está pasando en Colombia, y en muchos otros países, es alarmante, y los jóvenes cristianos no están exentos de que les ocurra.

Por ejemplo, en Medellín, el 38,6% de los varones entre los 12 y los 19 años ha tenido relaciones sexuales. Para las niñas entre los 12 y los 14 años, la edad promedio de la primera relación sexual es de 12,9 años. Los muchachos entre los 12 y los 14 años manifestaron haberse iniciado en la vida sexual a los 10,7 años en promedio.

Por otra parte, el 90% de los ingresos a hospitales

de mujeres entre los 12 y los 17 años con situaciones de aborto, y entre el 25% y el 30% del total de la población joven, padece de enfermedades de transmisión sexual (*El informador*, mayo de 2001).

Las cifras anteriores demuestran que son el resultado de "una nueva cultura sexual", caracterizada por una libertad omnímoda, sin barreras ni límites, donde el amor queda reducido solamente a lo genital, y el placer se considera como el valor supremo de la vida.

Estas tendencias modernas están ejerciendo una influencia en la actitud ante las normas cristianas y los valores tradicionales. Por eso, considero que tanto padres como maestros y líderes religiosos debemos unirnos para que las conductas y hábitos sexuales de la juventud cristiana estén regidos por las elevadas normas morales de la Palabra de Dios, y no condicionados por las costumbres de la cultura secularizada prevaleciente.

Por esta causa, quisiera que en este capítulo miremos, de una manera más profunda, la inconveniencia de las relaciones premaritales, considerando los factores que las provocan y las repercusiones que ocasionan. También deseo que los jóvenes sepan cómo pueden prevenir esta conducta sexual, y capten cómo la virginidad y la castidad dan un valor agregado al matrimonio, cuando cada uno de los contrayentes llega a este momento en esa condición. Por último, consideraremos lo que pueden hacer aquellas parejas que ya han incurrido en esta práctica sexual, ya sea en su relación actual o anteriormente con otras personas.

Factores que favorecen las relaciones premaritales

En esta sección consideraremos los factores físicos, emocionales o afectivos, familiares, culturales, de conveniencia y espirituales que ejercen algún tipo de influencia en la práctica de relaciones sexuales entre personas solteras.

Factores físicos

La necesidad física de aliviar la tensión sexual es una razón que induce, especialmente a los varones, a tener relaciones sexuales antes del matrimonio. Incluso, algunos jóvenes piensan que es imposible controlar los impulsos sexuales (sexo visceral). Debido a esto, cuando se sienten apremiados por la necesidad física ejercen presión sobre sus novias bajo el chantaje de que si no ceden no podrán continuar con el noviazgo, pues consideran que es "imposible controlarse".

Otros lo hacen sencillamente porque las relaciones sexuales producen placer y se sienten bien realizándolas. Aunque en el caso de jóvenes cristianos, por razones que detallaremos más adelante, el placer casi siempre va acompañado de sentimientos de culpa.

Factores emocionales o afectivos

La búsqueda de intimidad y cercanía hace que cuando el ser humano se siente solo, no amado, frecuentemente busque intimidad en las relaciones sexuales fuera del matrimonio. No obstante, Conrad y Milburn advierten que,

> "Tratar de satisfacer necesidades emocionales con el sexo no es una actitud sexualmente inteligente, porque no satisface esas necesidades. De hecho, a menudo no hace más que enfatizarlas, haciendo que nos sintamos peor con nosotros mismos" (***Inteligencia sexual***, p.184).

Como Renato tenía una autoimagen muy pobre, buscaba las relaciones premaritales para sentirse amado, pero descubrió que una vez pasaba el momento de placer, la necesidad emocional subyacente volvía a aflorar, y por lo general se acentuaba con una depresión.

La curiosidad induce a muchos a experimentar algo nuevo y diferente. Algunos jóvenes incurren en relaciones sexuales como medio para evitar o escapar de las presiones de la vida. Para otros, el sexo es una droga que los saca momentáneamente de un vacío emocional.

Las mujeres por lo general desean intimidad sexual, pero más como reacción a factores emocionales que físicos. En realidad, lo que más buscan las chicas con las relaciones sexuales es sentirse amadas. Debido a esa necesidad del ser humano de sentirse amado, muchos piensan que el sexo conduce, inevitablemente, al amor.

El psicólogo Rollo May (citado por McDowell, p. 46) afirmó que:

> "El ser humano tiende a usar el cuerpo como escudo para evitar la intimidad psicológica. Es más fácil ir a la cama y compartir el cuerpo con alguien que compartir los pensamientos más profundos".

Aunque Laura era una chica que no deseaba tener relaciones sexuales con su novio, lo hacía simplemente porque así retrasaba el momento de tener que hablar de sus problemas y afrontar la posibilidad de romper su noviazgo.

Otra de las causas psicológicas del sexo premarital es la falta de entendimiento del amor verdadero. A menudo los jóvenes denominan amor a lo que es apenas pasión o infatuación. Pero, ¿cuál es la diferencia? Realmente son muchas, pero una de las características del amor verdadero, según 1 Corintios 13:5 es que *"el amor no hace nada indebido"*. Por lo tanto, ningún joven cristiano enmarcará, bajo el nombre de amor, la transgresión de la ley de Dios a través de la violación del séptimo mandamiento que condena toda clase de relaciones sexuales antes o fuera del matrimonio.

En 2 Samuel 13 hay un ejemplo de cómo los jóvenes confunden, muchas veces, el amor con la pasión. Según el versículo 4, Amnón dijo que "amaba" a Tamar, pero luego de seducirla con ar timañas y lograr su objetivo, dicen las Escrituras *"Pero el odio que sintió por ella después de violarla fue mayor que el amor que antes le había tenido"* (vs. 15) Por esto, las parejas sexualmente activas antes de casarse tienen poca probabilidad de contraer matrimonio, como lo confirman varios estudios.

Factores familiares

Los padres que se involucran en relaciones extramaritales pierden la autoridad moral ante sus hijos, y, como resultado, éstos abandonan las normas que les habían enseñado con respecto al apropiado comportamiento sexual.

Tal vez otros padres no les dan mal ejemplo a sus hijos, pero no les enseñan los valores bíblicos en cuanto a la sexualidad. Vale la pena aclarar que no debe enseñarse que la sexualidad es pecado, sino su empleo fuera del plan de Dios.

Van Pelt hace referencia a un estudio que reveló que las jóvenes, cuyos padres se habían divorciado, eran más seductoras y promiscuas en su interacción con los muchachos.

Esta misma autora menciona que algunos utilizan el sexo como una forma de rebelión contra los padres, maestros, la iglesia u otro tipo de autoridad. Jóvenes procedentes de hogares con padres muy estrictos o desconfiados con frecuencia expresan su rebelión a través de la promiscuidad sexual, para desquitarse por la falta de fe en ellos. Se puede ver que los jóvenes que no encuentran en el hogar el amor que necesitan, lo buscan en las relaciones sexuales; pero por supuesto, este será un sustituto barato de lo que podría ser el amor verdadero de un padre.

Factores culturales

El hecho de que la sociedad moderna destaque el valor de lo inmediato, y esto incluye el placer sexual, hace que hoy muchos consideren poco razonable esperar hasta el matrimonio para consumar la relación sexual. Además, actualmente es fácil acceder a un motel, a una "línea caliente", o a un lugar donde haya todo tipo de libertades para diferentes expresiones sexuales. Lamentablemente, todo se enmarca dentro de la licencia, la permisividad y el libertinaje.

El comportamiento sexual de muchos jóvenes se atribuye a una inapropiada educación sexual. Mucha gente, especialmente joven, tiene relaciones con un inadecuado o incompleto conocimiento de las consecuencias físicas y emocionales del sexo premarital. Mucha de la distorsionada educación sexual que se brinda a los jóvenes en la actualidad proviene de los medios de comunicación. A menudo, las películas y la literatura moderna inculcan la idea de que la simple atracción o enamoramiento son disculpa suficiente para desarrollar una experiencia sexual. Las escenas que se ven por lo general hacen alusión al sexo entre personas que no están casadas.

Otra razón se debe a que en todas partes se ven matrimonios infelices, y entonces la solución lógica que muchos prefieren considerar es la de "liberar" al sexo separándolo del matrimonio, para que por lo menos pueda ser disfrutado aunque no exista el compromiso.

Un factor cultural por el que muchos jóvenes están incurriendo en las relaciones premaritales es el difundido mito actual sobre el "acto sexual seguro". No obstante, muchos estudios han demostrado el fracaso rotundo de dicha campaña, pues ni los embarazos y abortos de adolescentes, ni las enfermedades de transmisión sexual, se han reducido.

Factores de conveniencia

Algunos poseen razones pragmáticas para decidir tener relaciones sexuales antes de casarse. Ciertas parejas argumentan que si se van a casar, no hay que esperar hasta que se den las condiciones para hacerlo, ya sea porque falta bastante tiempo para que terminen sus estudios, consigan empleo, etc. Pero según algunos estudios, son muy pocas las parejas sexualmente activas que llegan a casarse.

Otros argumentan que si la mujer llegara a quedar embarazada, entonces se casarán. Pero la verdad es que muchos de los jóvenes bajo la presión de la tensión sexual se atreven a hacer promesas que, aunque sinceras en su momento, nunca, o muy tarde, podrán cumplir.

Factores espirituales

Las Sagradas Escrituras declaran que los cristianos están en una batalla espiritual contra los agentes del mal (véase Efesios 6:10-12). Cuando Satanás percibe que una persona es vulnerable frente a la tentación sexual, los ataques empiezan a llegar en esa dirección.

Algunos consideran que el pecado de las relaciones premaritales es como cualquier otro, y que si se arrepienten Dios los perdonará. Pero resulta importante recordar la teología del perdón, donde si bien es cierto que "*Si confesamos nuestros pecados, Dios, que es fiel y justo, nos los perdonará y nos limpiará de toda maldad*" (1 Juan 1:9), también lo es la enseñanza de Pablo: "*¿Qué concluiremos? ¿Vamos a persistir en el pecado, para que la gracia abunde? ¡De ninguna manera! Nosotros, que hemos muerto al pecado, ¿cómo podemos segukir viviendo en él?*" (Romanos 6:1,2).

Repercusiones de las relaciones premaritales

Las repercusiones de la práctica de relaciones

premaritales se deben considerar desde distintos ángulos. El personal, desde su dimensión física emocional o psicológica, y espiritual, pero también se deben analizar las repercusiones que se producen en la relación de pareja, tanto en el presente como en el futuro, y las que hacen impacto en la sociedad.

Repercusiones físicas

Una consecuencia muy obvia de las relaciones premaritales es que, en el caso de las mujeres, se pierde la virginidad. Según estudios realizados una gran parte de los hombres todavía insiste en que sus novias sean vírgenes.

Debemos recordar que la pérdida de la virginidad ocurre solamente una vez, y que no sólo entraña un asunto físico sino emocional. Al respecto, una joven dijo, después de tener su primera relación: "Tengo la sensación de haber perdido algo que nunca podré recuperar; perdí no sólo la virginidad física sino algo más, algo emocional Creo que él me quitó algo más que la virginidad: me arrebató la inocencia".

También podría producirse un embarazo no deseado, lo cual puede conducir a un aborto. En un estudio reciente hecho en Colombia, de los 8.500.000 adolescentes de este país, cuya mitad son mujeres, cerca de un millón ha quedado en embarazo antes de los 17 años. Exceptuando algunos casos particulares, se trata de embarazos no planeados ni deseados. En nuestro país, bajo la clandestinidad, se practican 400.000 abortos al año (Revista *Diners*).

En el caso de las mujeres que no abortan, muchas deben separarse de sus familias, interrumpir sus estudios, sentir el rechazo de muchachos que no se interesan en salir con ellas, afrontar gastos para los cuales no estaban preparadas, etc.

Las relaciones sexuales premaritales pueden producir enfermedades venéreas. La Haye (1996) hace referencia a una estadística aparecida en *The New York Times*, donde se revela que, en los Estados Unidos, 56 millones de personas están infectadas con una enfermedad de transmisión sexual.

Repercusiones psicológicas o emocionales

El sexo premarital induce al síndrome de ejecución y evaluación. Débora Phillips dice que:

> "Muchas mujeres no pueden lograr un sentido de intimidad porque su ansiedad de cómo ejecutar el acto bloquea su oportunidad de emoción verdadera" (citado por MacDowell, p.148).

Otra repercusión psicológica de las relaciones sexuales premaritales es que se pueden producir sentimientos de culpabilidad con distintos grados de intensidad. Esto es más común en jóvenes cristianos.

Cuando dos personas tienen relaciones sexuales, no solamente se quitan la ropa, sino que también se desnudan emocionalmente, y esto hace que se corra el riesgo de ser heridos en esa área. Por eso, a la mayoría de quienes han tenido relaciones sexuales le resulta doloroso terminar, porque se involucra mucho más que el cuerpo.

Repercusiones espirituales

La Biblia señala que las relaciones sexuales fuera del matrimonio son un pecado que se denomina fornicación o adulterio (véase Éxodo 20:14), y para un joven de cualquier sexo, con principios y valores cristianos, esto le afectará su vida espiritual y su salud psicológica, ya que producirá un sentimiento de culpa ocasionado por la sensación de haber transgredido la ley divina.

Una razón por la que estos jóvenes se sienten culpables y con pérdida del autorrespeto y la dignidad personal, es porque según el apóstol Pablo, el sexo premarital es un pecado contra el propio cuerpo (véase 1 Corintios 6:18), y como se puede ver en el pecado de Adán y Eva en el Edén, toda desobediencia a Dios produce vergüenza (véase Génesis 3:7,10).

Una consecuencia que pueden sufrir las parejas solteras que practican la fornicación, y que son miembros de algunas denominaciones religiosas que se caracterizan por tener normas conservadoras, es que se hacen merecedoras de una disciplina eclesiástica que puede ir desde la censura hasta la desfraternización como miembros de la iglesia.

Repercusiones en la relación de la pareja

Las parejas que practican el sexo antes del matrimonio pueden ver algunas repercusiones en su relación de pareja, tanto en su vida presente como futura.

Repercusiones en el presente

Las relaciones premaritales pueden conducir a un embarazo no deseado, y por consiguiente a un matrimonio apresurado, si es que deciden casarse, y posiblemente a interrumpir una carrera de estudios u otros proyectos importantes. Además, un matrimonio apresurado puede llevar a que una pareja incompatible se una, corriendo el riesgo de las consecuencias que se generan por las diferencias entre los cónyuges.

La doctora Mazat cuenta la historia de una pareja con caracteres incompatibles que, por tener relaciones premaritales, sintió la necesidad de legitimar sus acciones casándose. Después reconocieron que la relación física les impidió ver los verdaderos problemas de la relación y, lamentablemente, ahora un divorcio sería mucho más traumático.

Otra área que se afecta en la relación es que empobrece la calidad de la interacción, pues las relaciones sexuales premaritales tienden a formar hábito, y, por lo tanto, la conducta en los encuentros se vuelve predecible y monótona.

Las parejas que tienen relaciones sexuales premaritales tienden a ocultar sus problemas tras esa actividad, en lugar de enfrentarlos en forma directa. Por lo general, cuando comienza a predominar el aspecto físico y sexual, la calidad y cantidad de comunicación se empobrecen.

Otra repercusión que tiene este tipo de relaciones es que hace difícil distinguir entre el amor verdadero y la infatuación o la pasión. Debido a que hombres y mujeres nos necesitamos, es fácil confundir "amor y atracción, necesidad y pasión". Esta confusión puede llevar a "contentarnos con encuentros superficiales o con relaciones sin futuro. Así se hace del amor apenas un consumo, y del otro un oscuro objeto del deseo, o simplemente un intercambio reemplazable" (Badenas, p. 90).

Núñez considera que, por esta razón, el papel del amor debe ser el de proteger la sexualidad, pues "el sexo que no se controla a la postre asesina el amor" (p.100).

Repercusiones en el futuro

Cuando quienes practican el sexo premarital llegan a tener hijos, pierden la autoridad y dejan de ser el buen modelo que los anime a la castidad.

El sexo premarital conduce a una comparación

de compañeros sexuales, que se hace más notoria en el matrimonio si el cónyuge más experimentado en estas cuestiones no está satisfecho con su pareja.

Las relaciones sexuales premaritales pueden hacer que uno de los participantes pierda el respeto y la confianza por el otro, o que se asuma una actitud celosa, al pensar que así como lo hizo con uno, lo mismo ocurre, o pudo ocurrir, con otras personas. Esto le pasó a Carlota y su novio, quienes reconocieron que después de haber tenido intimidad sexual su respeto mutuo y confianza nunca llegaron a ser tan fuertes como antes.

Las relaciones sexuales premaritales también pueden ocasionar disfunción sexual en el varón o la mujer, por comenzar con patrones incorrectos de respuesta sexual. Debido a que por lo general estas relaciones se realizan bajo condiciones no ideales, como el temor a ser descubiertos, la tensión de responder satisfactoriamente a la pareja, etc., se puede iniciar una cadena de actitudes y hábitos deficientes, que priven de la plenitud del goce, y que generalmente se trasladan al matrimonio. Por ejemplo, la eyaculación precoz en el hombre.

Aunque la pareja llegue a casarse, las relaciones premaritales destruyen el valor y el significado de la luna de miel, que es una de las convenciones más interesantes del matrimonio. Se pierde una parte del "misterio" que rodea a la otra persona, y de la expectativa con que se llegaría a la luna de miel, y con ello algo de mucho valor para la pareja en el matrimonio (Van Pelt).

Repercusiones sociales

El sexo fuera del matrimonio no sólo trae destrucción a las personas que lo practican, sino también a la sociedad. El antropólogo J. D. Unwin realizó un estudio sobre 88 civilizaciones, y encontró que "la moral y la estricta conducta sexual comenzaron de la misma manera, pero luego esas costumbres se descuidaron y la gente tuvo cada vez más libertad para expresar sus deseos sexuales cuando lo deseaban. Primero vinieron las enfermedades venéreas, después la destrucción de los hogares. Los hijos crecieron en un ambiente inestable, y poco a poco copiaron la conducta de sus padres, volviendo a cada nueva generación más corrompida que la anterior. Así cayeron todas esas generaciones y desaparecieron del curso de la historia" (citado por McDowell, 1990, p. 291).

Aparente ventaja

Algunos justifican las relaciones premaritales porque creen que la pareja puede conseguir un mejor acoplamiento sexual, y de esta manera, cuando se casen, tendrán menos problemas en esta área. Sin embargo, la experiencia de muchas parejas que llegaron al matrimonio sin ninguna experiencia sexual previa demuestra que, si bien es cierto no llegaron como "expertos en el sexo", tampoco les ha sido imposible conseguir un ajuste sexual, pues está demostrado que una pareja que se ama, que tiene correctos conocimientos y apropiadas actitudes sexuales, y un compromiso incondicional, como lo es el matrimonio, después de unos pocos meses de casados puede conseguir un ajuste satisfactorio.

Prevención

Considero que si bien es cierto que es bueno conocer las causas y consecuencias que traen las relaciones premaritales, es mucho más importante saber cómo prevenirlas.

Para el cristiano, el recurso más poderoso para conservarse casto es, definitivamente, de carácter espiritual: "*En efecto, la ley no pudo liberarnos porque la naturaleza pecaminosa anuló su poder; por eso Dios envió a su propio Hijo en condición semejante a nuestra condición de pecadores, para que se ofreciera en sacrificio por el pecado. Así condenó Dios al pecado en la naturaleza humana, a fin de que las justas demandas de la ley se cumplieran en nosotros, que no vivimos según la naturaleza pecaminosa sino según el Espíritu*" (Romanos 8:3,4).

El pasaje que acabamos de considerar es muy alentador, pues nos brinda una gran esperanza saber que Jesús obtuvo la victoria sobre el pecado, y que el Espíritu Santo nos capacita para obedecer la voluntad de Dios. Una escritora cristiana, convencida del poder y la gracia de Nuestro Señor Jesucristo como el principal recurso para darnos la victoria sobre toda tendencia al pecado, anotó:

> "La sensualidad es el pecado de esta época. Pero la religión de Jesucristo mantendrá las riendas del control sobre toda especie de libertad legítima... no se permitirá ningún pensamiento impuro, ninguna palabra que se aproxime a la sensualidad, ninguna acción que tenga la más mínima apariencia de mal" (*Cartas a jóvenes enamorados,* p. 63).

Otros factores que no son espirituales, pero que también ayudan mucho a obtener la victoria sobre esta tentación, son los siguientes:

1. La abstinencia sigue siendo la mejor alternativa para los jóvenes cristianos. En palabras del actual presidente de los Estados Unidos, George Bush: "La abstinencia es 100% segura, 100% efectiva, el 100% de las veces" (citado por Isabel Molina en "Ser familia", #15, p.7). John Ankerberg y John Weldon afirman, con base en algunos estudios, que "una educación basada en la abstinencia da resultado". Un ejemplo de estos estudios es que del 33% al 50% de todos los adolescentes a quienes se les enseñaron las bondades de esperar hasta el

matrimonio, están ahora practicando la abstinencia (p.45).

2. Como una autoimagen pobre favorece en la persona una actitud promiscua, entonces resulta de mucha ayuda que el joven desarrolle pensamientos positivos de dignidad personal. El cristiano no debería poseer una autoimagen pobre, pues la antropología cristiana presenta la gran verdad de que cada persona es especial y de gran valor, pues fue hecha a imagen y semejanza de Dios. Una autoimagen sana no sólo nos ayuda a respetarnos a nosotros mismos, sino a tratar a los demás con dignidad, respeto y consideración.

3. El tener metas bien claras en la vida con respecto a lo que se quiere hacer y ser, también resulta muy útil, pues esa visión se convierte en una brújula que indicará continuamente el norte a seguir. Cuando se carece de objetivos y metas para la vida, es muy fácil desviarse del camino y terminar yendo a un lugar para el cual no se esté preparado.

4. Las parejas de novios deben establecer anticipadamente las reglas que guiarán su comportamiento. La comunicación franca acerca de los ideales y valores sexuales es una buena forma de prevenir situaciones

sexuales comprometedoras. Algunas de estas reglas pueden ser pasar menos tiempo solos, limitar la expresión física de afecto, pasar más tiempo en actividades, no explorar debajo de la ropa de la pareja, no "amacizarse", y repetirse constantemente el siguiente mensaje: "Me estoy guardando para la persona especial con quien algún día me casaré".

5. Asegurarse de que ningún lugar al que concurran facilite la oportunidad de ceder a la tentación.

6. Reconocer que la necesidad sexual no es vital, sino secundaria. Con esto quiero decir que nadie se muere ni se enloquece por resistir los deseos sexuales. Si bien es una necesidad humana que produce tensión cuando no se satisface, también es posible reducir dicha tensión haciendo ejercicio, dándose una ducha fría, cambiando de actividad, etc. Los expertos no recomiendan que los deseos sexuales se repriman o ignoren. Lo que se aconseja es sublimar la energía sexual mediante la dedicación a intereses y actividades que proporcionen suficiente satisfacción personal, y que permitan reencauzarla.

7. Obtener una apropiada educación sexual, es decir, un conocimiento que no desligue

lo fisiológico de lo psicológico, lo espiritual y lo moral. Está demostrado que entre la gente joven que no ha recibido la instrucción sexual debida, hay más experimentación que en aquellos que la han recibido.

8. Se puede mantener intimidad sin sexo. La intimidad requiere de tiempo, y se desarrolla mientras dos personas se relacionan dentro de una atmósfera de solicitud, dedicación, confianza, honradez y respeto.
9. Mantener una actitud firme. Un ejemplo extraordinario de esto es el personaje bíblico llamado José, quien frente a la tentación sexual se limitó a decir "no" con firmeza, sin perder tiempo en vanos razonamientos (véase Génesis 37).

¿Y qué si ya sucedió...?

¿Qué puede hacer una pareja que, lamentablemente, ya ha tenido relaciones premaritales, y toma la decisión de no continuar haciéndolo? Una forma de evitar reincidir es dejar de verse con su pareja por un período lo bastante largo, preferiblemente por varios meses. Pueden continuar escribiéndose o llamándose por teléfono, y evitar a toda costa cualquier oportunidad de encontrarse a solas. Por lo general, si no se toman estas medidas drásticas, es poco probable que puedan salir de esa situación.

Luis Eduardo, consciente de que hay que ser radical en este sentido, le propuso a su novia lo siguiente: "Tenemos dos opciones: intentamos dejar de tener relaciones sexuales, o terminamos". Por fortuna, el plan funcionó y ahora están felices de experimentar una segunda virginidad que los guardará hasta su matrimonio.

Por otra parte, es importante comprender que no por el hecho de haber pecado Dios los declara culpables por siempre. Si se arrepienten y confiesan sus pecados, la promesa es que *"Dios, que es fiel y justo, nos los perdonará y nos limpiará de toda maldad"* (1 Juan 1:9). Además, el profeta Miqueas afirma que Dios siempre está dispuesto a no recordar nuestro pasado, y a darnos una nueva oportunidad, si así lo deseamos: *"Vuelve a compadecerte de nosotros. Pon tu pie sobre nuestras maldades y arroja al fondo del mar todos nuestros pecados"* (Miqueas 7:19).

Es probable que una pareja joven descubra que uno de ellos no es virgen, y el otro sí. Entonces, ¿qué hacer? Todos los seres humanos hemos tomado, en el pasado, decisiones acertadas y equivocadas. La aceptación es una actitud tan maravillosa que, aunque no ignora el pasado, mira no tanto lo que fue sino lo que es, y especialmente lo que puede llegar a ser por la gracia de Dios. Esto queda bien ilustrado con la parábola del hijo pródigo, quien a pesar de sus errores y equivocaciones pasadas vuelve a ser recibido en casa como el mejor hijo, porque el padre, al ver su cambio de actitud, celebra lo que su hijo querría ser a partir de ese momento.

Paula cuenta que encontró a un muchacho a quien quiere mucho, pero que no es virgen. Sin embargo, él se siente feliz porque ella lo es, y está dispuesto a ayudarla a mantenerse así. A su vez, esto ayuda a Paula a sentirse segura, pues sabe que su novio está con ella por lo que es, y no por lo que ella le pueda dar…

El cristiano debe reconocer el valor que tiene esperar. En la actualidad la paciencia, el esperar por algo, no tiene mucho valor. No obstante, la enseñanza bíblica nos indica que existe un momento y un lugar para la intimidad y el placer sexual: el lecho matrimonial (véase Eclesiastés 3:5; Hebreos 13:4). Aquellos que esperan hasta ese momento pueden encontrar que la relación sexual se percibe como algo muy especial en el matrimonio. Lo que más necesita una pareja al llegar al matrimonio es la alegría que producen la integridad, la honestidad en la interacción y el amor sin remordimientos.

Esperar hasta el momento indicado es una demostración de cuánto se ama a la otra persona. El sexo que no espera no es amor. Cuando la sexualidad se vive a plenitud, en el momento exacto y con la seguridad que se requiere, se torna en una de las experiencias más hermosas de la vida.

Soy consciente de que resulta inapropiado, y hasta imposible, pretender dar reglas con respecto al sexo que funcionen para todas las circunstancias, pero la mejor actitud que puede asumir todo joven es decidir responsablemente su postura, y con la ayuda divina resolver actuar en una forma tal que no desagrade a Dios.

Concluyamos este capítulo afirmando que la castidad es el camino más seguro para el joven cristiano, pues lejos de ser represiva es una virtud que orienta la sexualidad y promueve la fidelidad al amor presente y futuro. Por otra parte, debe tenerse en cuenta que:

> "La sexualidad vivida en la castidad es una fuerza dinámica que construye la personalidad cristiana para vivir el amor pleno e irrevocable en el matrimonio" (Gómez, p. 228).

Capítulo
11

La magia de los detalles

Luego sacó joyas de oro y de plata, y vestidos, y se los dio a Rebeca. También entregó regalos a su hermano y a su madre.

El siervo Eliezer era un conocedor de la psicología femenina, y sabía cómo entusiasmar a la chica escogida como esposa de Isaac. Génesis 24 revela que primero le dio el siguiente regalo: "*…el criado tomó un anillo de oro que pesaba seis gramos, y se lo puso a la joven en la nariz; también le colocó en los brazos dos pulseras de oro que pesaban más de cien gramos…*" (vs. 22). Posteriormente, le dio otro regalo: "*Luego sacó joyas de oro y de plata, y vestidos, y se los dio a Rebeca*" (vs. 53).

En estos detalles se evidencia la experiencia de Eliezer. Aquí podemos observar que él sabía cuánto les llaman la atención a las mujeres cosas tales como el oro, la plata, las alhajas, la ropa. Esto no significa que esas cosas sean la única manera de conquistar a una mujer. Todos sabemos también cuán significativo es para ellas una flor, un chocolate, un detalle, etc.

Vale la pena recordar aquí que no todas las cosas que les interesan a los hombres también les interesan a las mujeres. Por ejemplo, las flores las impactan más a ellas que a ellos. La comida parece entusiasmar más a los hombres que a las mujeres. Alguien dijo que "los hombres tienen el corazón muy cerca del estómago". Los jóvenes deben conocer muy bien la psicología del otro sexo, a fin de saber cuáles son las cosas que más podrán halagar y hacer sentir bien a la persona que les interesa.

La enseñanza que podemos extraer de los regalos de Eliezer para Rebeca es la importancia que tienen los detalles cuando hay un firme propósito, no sólo de conquistar el amor de una persona, sino de cultivar una amistad y nutrir una relación.

Podemos comparar el amor con las plantas. Así como éstas necesitan ser cuidadas permanentemente para que germinen, crezcan y den fruto, el amor es una planta de origen divino, que para florecer debe ser nutrida con todas aquellas expresiones que demuestren a la otra persona que de verdad nos interesa, y que estamos dispuestos, si fuera necesario, a darlo todo por ella (véase Efesios 6:25).

Considero que si existe un secreto para conquistar el amor de otra persona, es por medio de los detalles. Un pensamiento actual muy difundido es que ser detallista es ser "cursi", pero la naturaleza humana no ha cambiado, y no se puede negar que todavía nos gusta que nos expresen cariño por medio de detalles, obsequios, notas, etc.

El valor de los detalles no consiste tanto en su costo, sino en la motivación que se tenga para darlos, y en lo oportunos que sean. Los detalles no siempre necesitan ser materiales. Muchas veces, una manifestación de cortesía, una expresión de bondad, una tierna consideración, un acto de abnegación pueden comunicar un mensaje mucho más poderoso que cualquier otra cosa que se pueda dar.

Recuerdo que cuando estaba soltero había una joven en la universidad que me gustaba mucho, pero mi soporte monetario era tan escaso que no contaba con recursos para darle detalles que implicaran gastos. Pronto me di cuenta de que a ella le gustaba la *pizza*, y en el restaurante de la universidad todos los miércoles servían *pizza* en la cena de los alumnos internos. Entonces decidí sacrificar esa parte de mi comida, que tanto me gustaba, porque sabía que este detalle la haría muy feliz, y a su vez, yo también experimentaría la alegría de dar. Pronto este detalle comenzó a dar su fruto, pues ya a ella no sólo le interesaba aquella porción de *pizza*, sino que también empezó a interesarse en mí, a tal punto que llegamos a tener un noviazgo por cerca de dos años.

Uno de los reclamos más frecuentes por parte de los casados es que, lamentablemente, en muchos casos se pierde el valor de los detalles en la vida matrimonial. En forma equivocada se asume que, una vez conquistada la persona, ya éstos no son tan necesarios. Pero si no queremos que nuestras relaciones sentimentales se empobrezcan, tanto en el noviazgo como en el matrimonio, mantengamos viva la relación mediante el poder de los detalles.

Podemos estar seguros de que si asumimos una actitud generosa y detallista, la recompensa será con creces, pues la promesa de la Palabra de Dios es que somos más felices cuando damos que cuando recibimos, y paradójicamente, cuanto más demos más recibiremos (véase Hechos 20:35; Lucas 6:38).

En una fiesta realizada en Betania, en casa de Simón el leproso, una mujer llamada María decidió tener un detalle con el Señor Jesús. El relato cuenta que esta mujer compró una libra de perfume de nardo puro que le costó el equivalente a 300 salarios mínimos diarios, con el fin de derramarlo en la cabeza del Salvador y ungir sus pies. Sus discípulos opinaron que esto era "un desperdicio". No obstante, Jesús mostró cuánto apreciaba este detalle, diciendo: "*Les aseguro que en cualquier parte del mundo donde se predique este evangelio, se contará también, en memoria de esta mujer, lo que ella hizo*" (Mateo 26:13).

El ejemplo del Salvador muestra que apreciaba los detalles y valoraba su significado. Pienso que si prestáramos más atención a esto, y buscáramos formas creativas de expresar nuestro afecto y amor a los demás, nuestras relaciones serían mejores, y la vida más interesante. Te animo a sorprender, hoy mismo, a alguien que ames con un detalle. Procura hacer de esta práctica un estilo permanente en tus interrelaciones personales, y sobre todo en las sentimentales.

Muchos han tenido un buen encuentro gracias a que han descubierto el poder de los detalles. ¿Lo probarás?

Capítulo
12

Conquistar también a la familia

También entregó regalos a su hermano y a su madre.

El hecho de que Eliezer se haya provisto de regalos para obsequiar no sólo a la novia, sino también a su familia, es otra demostración de su sabiduría, pues sabía que era tan importante ganar a la primera como a la segunda (véase Génesis 24:53 b).

Ningún noviazgo debería llevarse sin el conocimiento de las familias respectivas, ni con la desaprobación de las mismas. Sería muy bueno que se hicieran ingentes esfuerzos y se tuvieran las mejores actitudes a fin de conquistar tanto a la persona amada como a su familia, por ser ésta nuestra primera fuente de amor.

Algunos jóvenes minimizan la importancia de conocer a los familiares de su pareja, y de establecer una buena relación con ellos. Pero debemos recordar que aunque los vínculos matrimoniales ligan especialmente a dos personas, por extensión hay un emparentamiento con las dos familias respectivas, y esto juega un importante papel en la dinámica de la futura vida familiar de la pareja.

Una de las primeras preguntas que formuló el criado a Rebeca fue: "*¿Podría usted decirme de quién es hija…?*" (24:23). Esto demuestra que conocer el trasfondo familiar de la persona elegida es algo relevante.

Una de las razones de la importancia de conocer a los miembros de las respectivas familias es porque conocer la dinámica familiar puede ser un referente de posibles actitudes con que la persona llegue a su nuevo hogar cuando éste sea conformado.

El conocimiento que se logre de la familia no debe ser superficial, sino que al observar por ejemplo la del varón, la novia debe hacerse las siguientes preguntas:

> "¿Tiene madre mi pretendiente? ¿Qué distingue el carácter de ella? ¿Reconoce él sus obligaciones para con ella? ¿Tiene en cuenta sus deseos y su felicidad? Si no respeta y honra a su madre, ¿manifestará

respeto, amor, bondad y atención hacia su esposa?" *(El hogar cristiano*, p. 38).

Considero que el varón también debería hacerse estas preguntas, para conocer la dinámica de la relación entre su novia y la madre de ésta.

Igualmente, es necesario observar también la relación del hijo o la hija con sus respectivos padres, hermanos, e inclusive, con compañeros y amigos, pues esto dice mucho acerca de la forma como seguramente tratará a su futuro esposo o esposa.

Es difícil que una persona que no pueda respetar a sus padres, o que es conflictiva con los hermanos, pueda aportar algo muy diferente en la relación matrimonial.

Un lindo ideal sería que ambas familias ganaran a un hijo o una hija, respectivamente. Es lamentable que en muchas ocasiones las relaciones entre cada esposo con los suegros sean tan difíciles que éstos, en lugar de ganar a un hijo o hija, por el contrario los pierden, y en lugar de conformar una nueva familia extensa, lo que sucede es que ésta se divide.

Esteban se casó con Mary a pesar de que sabía que su suegro, cuñados y otros parientes no estaban de acuerdo. Él pensaba que, al fin y al cabo, con quien se casaría era con Mary, y no con su familia. Después de varios años de matrimonio, ellos reconocen que han tenido muchos momentos difíciles en su relación, porque cuando quieren pasar un día libre o unas vacaciones con la familia de Mary, ella debe ir sola, y él hace su propio programa. Aunque Mary es consciente de que Esteban la ama, le duele que sus respectivas familias no se acepten entre sí, y se siente culpable cuando tiene que tomar partido por alguno disgustando a los otros, o viceversa.

Es bueno cuando desde el mismo comienzo del noviazgo las familias propician un buen clima relacional, para que tanto en esta etapa, como en la vida matrimonial, las interacciones se den en un marco de actitudes amables, respetuosas y positivas. Pero si por alguna razón en tu relación hay tensiones con la familia de tu pareja, puedes asegurarle que en cuanto dependa de ti, estás interesado en llegar a acuerdos básicos con ellos, porque consideras que por el bien emocional de todos los involucrados lo mejor es mantener una relación cordial y amigable, gracias a la buena voluntad por parte de todos para interactuar de una manera fraterna y respetuosa.

Capítulo 13

Recibir la bendición

Y bendijeron a Rebeca con estas palabras: "Hermana nuestra: ¡que seas madre de millares! ¡Que dominen tus descendientes las ciudades de sus enemigos!"

En muchos hogares cristianos prevalece actualmente la costumbre de que cuando una hija se va a casar, justo antes de salir de la casa para la iglesia los padres le dan su bendición. Al parecer, esta tradición se originó en el Antiguo Testamento, como se puede percibir en el caso que nos ha ocupado en este libro (véase Génesis 24:60).

En lo personal, me parece una buena experiencia que todo hijo que se vaya a casar pueda salir bendecido por sus padres. Por desgracia, hoy son muchos los jóvenes que se van sin esta bendición, porque casi siempre salen "por la puerta de atrás", no precisamente para la iglesia, sino directamente a la cama.

Para ninguno es un secreto que en nuestra época parece ser mayor el número de jóvenes que prefieren la unión libre antes que el compromiso de una relación matrimonial reconocida por Dios y la sociedad. Una estadística menciona que en un país, en sólo una década, el aumento de uniones libres fue del 300%.

No obstante esta realidad, casi todas las sociedades han establecido rituales o ceremonias que expresan en forma simbólica el inicio de la vida marital, a fin de testificar públicamente el cambio de estado civil y de rol en las relaciones familiares. En nuestro medio, por ejemplo, a través de la entrega que el padre hace de ella a su futuro esposo, y de que prioritariamente éste tiene una responsabilidad con la nueva familia conformada.

Es lamentable que a muchos jóvenes pareciera no importarles recibir la bendición de sus padres, ni la de Dios. No obstante, la Santa Biblia exalta el matrimonio porque es una institución sagrada de origen divino, hecha para la felicidad del hombre, y se puede tener la certeza de que cuando se obedecen sus principios, el matrimonio es una gran bendición.

Personalmente, lamento que cuando me casé mis padres ya hubieran muerto, porque no pude solicitarles su bendición. Pero me siento muy feliz de haber podido recibir la bendición divina sobre mi hogar a través del pastor que nos casó. Te animo, apreciado lector, a que no te prives de recibir esa bendición que Dios quiere darte cuando decidas formalizar tu matrimonio en el temor del Señor.

He oído decir a varios muchachos que la única diferencia entre el matrimonio y la unión libre es apenas un papel. Me parece que quienes piensan así tienen una visión muy estrecha de lo que realmente significa. La Biblia no dice que cuando Dios unió a Adán y Eva les dio un papel, sino su bendición (véase Génesis 1:28). Por lo tanto, es absurdo reducir el valor de la bendición divina a sólo un documento legal. Cuando repasamos en la Biblia lo que significa una bendición otorgada por Dios, esto supone que entonces vendrá un gran beneficio, que va más allá de las simples palabras formuladas.

Los jóvenes cristianos no deberían sentirse ridiculizados por apostarle al matrimonio, ni mucho menos por querer recibir la bendición de Dios a través de un pastor o líder religioso ordenado para este oficio sagrado. La Palabra de Dios dice que "*Tengan todos en alta estima el matrimonio y la fidelidad conyugal…*" (Hebreos 13:4). El matrimonio cristiano se describe en las Escrituras como un pacto muy especial, solemne y obligatorio, ya que pone a Dios, la familia, los amigos y la comunidad como testigos de una unión y un compromiso, no sólo de carácter humano, sino de un pacto ratificado también en el cielo: *Así que ya no son dos, sino uno solo. "Por tanto, lo que Dios ha unido, que no lo separe el hombre"* (Mateo 19:6; Malaquías 2:14).

Por otro lado, es necesario que los jóvenes cristianos sepan que aunque nuestra sociedad cada día legitima más otros tipos de convivencia conyugal no establecidos por Dios, no por eso Él los aprueba, pues las Sagradas Escrituras son contundentes en decir: "*...porque Dios juzgará a los adúlteros y a todos los que cometen inmoralidades sexuales*" (Hebreos 13: 4 b).

Por supuesto, una ceremonia legal o religiosa no da los medios, por sí misma, para obtener una relación feliz, pero cuando en el hogar Cristo no es un huésped esporádico sino un invitado permanente, se manifiesta su mismo espíritu y se refleja su carácter. Entonces, lo que se puede esperar es que reinen la comprensión, la simpatía, la ternura y todas aquellas cualidades que propician el mejor clima para hacer, del hogar, un símbolo de la morada celestial.

Hoy algunos jóvenes no toman la decisión de casarse porque han visto el fracaso de muchos matrimonios, y a veces, inclusive, el de sus propios padres. Pero no debe pensarse que la gente fracasa sencillamente por haberse casado. De hecho, si hubiesen elegido sólo "juntarse", de todas maneras se habrían separado o divorciado.

Al respecto, Sánchez afirma: "Es cierto que poco más de la mitad de los matrimonios se pierden; sin embargo, de cada cien uniones libres, setenta y cinco fracasan" (*Juventud en éxtasis,* p. 130). Así que tanto el no casarse como el hacerlo no garantizan que se vaya a tener éxito, pero existe más probabilidad de salvar un matrimonio que una unión libre, por las tres siguientes razones (*Ibíd.*):

1. Si se casan por la iglesia, se comprometen ante el ser más grande y supremo: Dios. Él es su sentido trascendental de existir, su fuerza motivadora de amor, fidelidad, honestidad, verdad y esperanza.

2. Al haberse comprometido públicamente ante todos sus familiares y amigos, no resulta fácil explicar a medio mundo un fracaso de esta magnitud. Por consiguiente, el compromiso social y familiar también juega un papel importante.

3. Al casarse por lo civil existe un compromiso legal que otorga obligaciones y garantías muy claras.

'Si bien es cierto que estas tres razones no salvan necesariamente un matrimonio, sí se convierten en poderosos elementos de apoyo para luchar. Mientras que cuando la sociedad ve en problemas a quienes viven en unión libre, más bien los tienta a separarse, y la falta de un compromiso les facilita disolver la relación sin casi ninguna complicación procesal. Las parejas casadas especialmente por una ceremonia religiosa recuerdan que la mayor responsabilidad asumida es de carácter espiritual.

Una ceremonia religiosa afirma que el matrimonio no sea considerado livianamente, pues coloca la santidad y la permanencia de un pacto sobre la unión. Una boda religiosa es el testimonio de personas con fe en Dios, y, a su vez, ayuda a cada contrayente a desarrollar una confianza a toda prueba en el otro.

Mientras que el matrimonio es una decisión de ganar, la unión libre es no querer arriesgar nada, "una relación falsa, endeble, es decirle al amor 'quizá', y 'no'. Pero el amor no admite dudas. El amor es o no es" *(Ibíd.,* p. 131).

Tenemos que reconocer que los seres humanos nos enfrentamos a uno de los retos más difíciles, como es el de tener un buen matrimonio. Pero cuando se decide que ambos ganan, también gana el matrimonio. Entonces los sacrificios y las renuncias que se tengan que hacer no resultarán penosos, sino que darán crecimiento a la pareja, y la sensación de que es posible, con la ayuda divina, llevar una buena relación.

Como el amor verdadero es perseverante y procura mantener algo hasta el final, Núñez considera que quien inicia una relación "por si acaso", no está motivado por el amor sino por el sentimiento, ya que el amor está dispuesto a sufrir, porque está dispuesto a perseverar para que al fin triunfe el amor (*Amar es todo*, p. 139).

Por lo tanto, ninguno tema decidirse por el matrimonio, pues

> "El amor prospera en el clima de una relación honesta y comprometida de dos personas que han decidido tratarse plenamente como seres humanos. El amor florece en medio de un ambiente que está seguro, que no teme a la transitoriedad. El amor, por definición, pertenece a la duración. El amor se mueve al margen de lo transitorio" (*Ibíd.*, p. 99).

Recordemos que el matrimonio es el vínculo más íntimo, tierno y sagrado de la tierra, y que si "el pacto matrimonial es sellado con inteligencia, en el temor de Dios, y con la debida consideración de sus responsabilidades siempre será una bendición para la humanidad" (*El hogar cristiano*, p.14).

Estoy convencido de que el Dios que instituyó el matrimonio como un medio para bendecir y aumentar la felicidad de la humanidad puede, mediante su gracia, ayudar a las familias unidas con su bendición para que logren la unidad, la armonía y el gozo que experimentan quienes quieren llegar a ser un reflejo del hogar celestial.

Capítulo 14

Mantener el misterio

Entonces ella tomó el velo y se cubrió.

Algunos denominan a nuestra época "la era del destape", ya que es más fácil ver mujeres descubiertas que vestidas decentemente.

Sin embargo, para la mujer cristiana el paradigma acerca de la indumentaria no debe ser el de las artistas, modelos y reinas de belleza, sino como "*...se adornaban en tiempos antiguos las santas mujeres que esperaban en Dios...*" (1 Pedro 3:5).

Rebeca es un ejemplo de esas santas mujeres: las Escrituras no dicen que cuando vio a Isaac se subió la falda y bajó el escote, sino que "*tomó el velo y se cubrió*" (Génesis 24:65).

Infortunadamente, muchas chicas han perdido el valor de la reserva, y le muestran todo a sus novios antes del matrimonio. Como consecuencia, después de un tiempo el hombre por lo general pierde el interés, y el misterio que debería llegar hasta la luna de miel se pierde por haberse develado todos los "secretos".

Hoy, una causa que está fomentando el exceso de contacto sexual o erótico en las parejas es la falta de discreción en el vestir, porque al hacerlo de manera sensual se interpreta como una invitación, no sólo para que las miren sino también para que las toquen.

Mauricio considera que la abstención sexual es en la actualidad muy difícil, porque siente que "la ropa ceñida, los escotes y otras formas exhibicionistas que usan las muchachas hacen casi imposible resistir la tentación".

Debido a que "la sensualidad es el pecado de la época", los jóvenes cristianos deberían asumir una actitud más prudente y discreta, para evitar incurrir en acercamientos que deben reservarse exclusivamente para el momento de la relación matrimonial, es decir, cuando puedan hacerlo con honra y seguridad.

Una escritora animó especialmente a las mujeres a no estimular el menor acercamiento, ya que así "pueden cerrar muchas puertas de tentación si, en toda ocasión, observan una reserva estricta y una conducta apropiada".

En la actualidad es muy común escuchar hablar del "sexo vegetariano", y la "pregunta del millón" es hasta dónde se puede llegar en los besos, los abrazos y las caricias. Al respecto, Bruno y Bruno dijeron:

> "La victoria sólo es segura antes de llegar al límite, no en el terreno donde ya es casi imposible regresar" (*Los jóvenes preguntan sobre el sexo,* p. 90).

De ahí que sea importante evitar correr el riesgo de caer.

Elena y Ricardo comenzaron a tener contacto físico con el firme propósito de no excederse, pero pronto se dieron cuenta de que era casi imposible parar cuando estaban excitados y que, por el contrario, querían más. Finalmente llegaron hasta donde no querían llegar. El juego erótico o las relaciones premaritales en los novios tiende a crear un tipo de adicción, como manifiesta un muchacho de 17 años:

> "Una vez uno empieza, ya no puede parar. A veces se vuelve como una necesidad permanente, y la idea del sexo ronda todo el día en la cabeza".

Los que incurren en el juego de las caricias atrevidas deben recordar que éstas son progresivas, y que siempre se quiere más, pues se disfruta de cada nivel hasta que pasa la novedad. Por lo tanto, lo más conveniente es no iniciar el "juego", "no calentar el agua si no te vas a bañar".

Thompson afirma que,

> "El control mutuo en cuanto a lo sexual es tan claro que no necesita ser demostrado. Si amamos a la persona con la cual queremos casarnos, ello implica el deseo sexual. No es algo que se despierta de un profundo sueño cuando nos entregan el certificado de matrimonio, o cuando el pastor dice "los declaro marido y mujer", sino que surge en los primeros contactos y se va profundizando con el correr del tiempo".

Debido a que la excitación sexual es progresiva, los contactos y caricias físicas conducen a actos más atrevidos, como lo demuestra la escalera de la pasión:

1. Tomarse de la mano
2. Beso en la mejilla
3. Beso corto en la boca
4. Abrazo en el hombro
5. Abrazo en la cintura
6. Abrazo cuerpo a cuerpo
7. Beso en la boca, largo, apasionado (francés)

8. Caricias en los senos o los genitales, sobre la ropa
9. Caricias en los senos o los genitales, debajo de la ropa
10. Acariciarse desnudos

De allí la importancia de evitar la primera aproximación al peligro, pues la pureza moral, el respeto propio y un fuerte poder de resistencia no están inmunizados contra la derrota. Una actitud de descuido momentáneo puede conducir a un descontrol en la pasión, y por ende, a arruinar la vida presente y futura. Es muy fácil confundir el deseo de contacto físico con el amor, pero no olviden que el amor verdadero *todo lo espera* (1 Corintios 13:7), y que esta actitud paciente será premiada en el matrimonio mediante la relación más íntima que un hombre y una mujer pueden llegar a tener sólo en ese contexto.

Pautas sobre las caricias entre novios

Al llegar a esta parte del presente capítulo, resulta importante preguntarnos hasta qué punto deben llegar las parejas solteras en el contacto físico. No es fácil responder esto, pues no se trata de hacer una geografía anatómica detallando aquellas partes que se podrían denominar como éticamente lícitas o ilícitas. Dicho mapa ético no tendría mucho sentido, porque colocaría a los sujetos en una actitud mecánica con respecto a dónde sí y dónde no. No obstante, es del todo evidente que existen zonas del cuerpo que son más eróticas que otras, y por ende, que responden más al juego erótico previo a la relación sexual.

Entonces, ¿pueden las parejas abrazarse y besarse? Responde Mazat (1992, p.10):

> "Muchas personas reaccionan de maneras diferentes a la intensidad y grado de estas expresiones de cariño. Es importante que cada una sepa qué cosas le excitan más. De este modo, y con antelación, cada una puede tomar decisiones específicas acerca del límite de estas expresiones. Es importante que descubras qué es lo que te hace más vulnerable a los estímulos sexuales (recuerda que si estás a dieta no te conviene pasar mucho tiempo cerca de una heladería)".

De ahí que es importante que un joven pueda manejar su contacto físico con la seguridad de que sus relaciones mantendrán intacta su dignidad.

Otra pauta importante a considerar es descubrir qué motiva a la pareja a acariciarse: ¿es para demostrar afecto, para excitar sexualmente al otro o para estimularse a sí mismo? Cuando se busca la excitación sexual, el contacto físico se convierte en un problema. Cuando el objetivo es gratificar el ego en vez de procurar la mejor relación con la otra persona, entonces se trata de una satisfacción egoísta.

Valenzuela anima a los novios a establecer límites utilizando las normas más conservadoras, y a asumir una actitud de respeto y cariño que coloque a la persona por encima de los deseos sexuales. Él dice:

> "Al hacer esto se demuestra que el compañero es altamente valorado y apreciado, y se proyecta la relación a un alto nivel de intimidad emocional" (p. 14).

Algo que pueden hacer los novios es hablar sobre el tema, a fin de establecer límites y decidir hasta qué punto deben darse o permitirse caricias. Tanto el hombre como la mujer deben entender que sobre ambos recae la responsabilidad de poner límites a las caricias sexuales. Al respecto, el profesor Bluthardt señala:

> "El noviazgo es un tiempo de experimentación erótica que debe desarrollarse bajo control y con miras a una unión completa en el marco más adecuado del matrimonio" (citado por Thomson, 1998).

William y Josefa decidieron acordar algunas normas en su noviazgo, tales como no permanecer en lugares completamente solos, y decirse una palabra clave que los ayude a recordarse mutuamente cuándo están sobrepasando los límites, a fin de respetar lo acordado. Por supuesto, no es fácil mantenerse firme en dicho propósito, sobre todo en esta época en la que el sexo está a la vista de todos. William admite que ha tenido tentaciones y que se ha equivocado, pero reconoce que hay un límite que no está dispuesto a cruzar. Sus palabras son:

> "No estoy dispuesto a perder mi capacidad de entrega en un momento de debilidad. El placer existe y yo lo he sentido, pero el placer es algo totalmente distinto al amor. Se trata simplemente de una satisfacción egoísta que deja un vacío. Para mí eso no es suficiente. Si tengo que esperar hasta los 38 años por amor, lo haré".

En el caso de parejas que perdieron la oportunidad de conservar el misterio hasta la boda, lo mejor que pueden hacer es reconocer su debilidad, apropiarse del perdón de Dios y decidir no continuar con la relación si el contacto físico sigue siendo un deseo mayor que tener un noviazgo que busque el crecimiento y el beneficio del otro.

No te descorazones si tienes que admitir la realidad de tu debilidad. No debes tener miedo de reconocer que eres pecador. El Señor sabe lo que somos pues conoce nuestra fragilidad, y sin embargo esto no lo desanima, porque su amor es más grande que nuestro pecado. En la cruz, Él permitió que Jesús, el inocente, en cierto modo fuese identificado con el pecado, convirtiéndose en *"el Cordero de Dios que quita el pecado del mundo"*, sólo para que tú te puedas sentir aceptado, comprendido y abrazado por el amor de Dios, sin importar cuál haya sido tu pecado.

La Palabra de Dios invita a *"huir de las malas pasiones de la juventud"* y a aferrarse al poder de Cristo, como el camino más seguro para resistir toda clase de tentaciones sexuales (véase 2 Timoteo 2:22 y Filipenses 4:13).

Capítulo
15

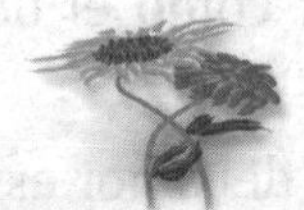

El amor, lo más importante

...y la tomó por esposa.
Isaac amó a Rebeca.

El relato del romance de Isaac y Rebeca termina como el desenlace de una de las mejores novelas: *"Luego Isaac llevó a Rebeca a la carpa de Sara, su madre, y la tomó por esposa. Isaac amó a Rebeca, y así se consoló de la muerte de su madre"* (Génesis 24:67).

A fin de tener un buen matrimonio, no sólo es preciso que haya compatibilidad, madurez, oración, sino un ingrediente que debe trascender toda la relación, como es el amor, por ser el vínculo más poderoso que puede ayudar a una pareja a crecer y sostenerse firme ante las circunstancias más adversas.

Pero, ¿qué es el amor? Lamentablemente, primero debemos considerar lo que no lo es, pues hoy son muchos los que tienen un concepto distorsionado del mismo. En el nombre del amor se cometen muchas infamias, maltratos y abusos, y muchos pecados como el homosexualismo, la fornicación y el adulterio.

Otra distorsión del amor es confundirlo con la pasión o la infatuación. Con frecuencia, la infatuación ejerce un efecto destructor y desorganizador sobre la personalidad, que hace que se olviden las realidades de la vida. El engaño de la pasión está en que el lenguaje emocional es más fuerte que el racional, y por eso una persona apasionada o infatuada depende, mayormente, de la atracción física, los escalofríos, las emociones y los vuelcos del corazón.

Para saber qué es el amor debemos ir a las fuentes correctas. Las Sagradas Escrituras señalan que *"el que no ama no conoce a Dios, porque Dios es amor"* (1 Juan 4:8), es decir, el amor es la esencia del carácter de Dios. Por lo tanto, como Dios es amor también es la fuente del amor. Ninguno puede amar si no recibe ese don de dicha fuente, y para recibirlo se requiere nacer de Él y conocerlo a Él (véase 1 Juan 4:7,8).

El amor genuino no puede ser fabricado por el ser humano mismo, pues por tener una naturaleza pecaminosa todo lo que haga, aunque sea bueno, estará contaminado por el egoísmo (véase 1 Corintios 13:1-3).

A la luz de lo dicho anteriormente se puede percibir cómo el cristiano que ha nacido de Dios, que conoce y ama a Dios, tiene la posibilidad de brindar a su pareja un amor auténtico, caracterizado por el compromiso y la aceptación incondicional, y por todos aquellos atributos que se derivan del fruto del Espíritu, como son *"el amor, la alegría, la paz, la paciencia, la amabilidad, la bondad, la fidelidad, la humildad y el dominio propio"* (Gálatas 5:22,23).

No obstante, identificar el amor verdadero en una relación sentimental no siempre es algo fácil. Una pregunta que inquieta a muchos cuando tienen una relación sentimental es cómo saber si en verdad aman, o si sólo están ilusionados, apasionados o infatuados. Esta incertidumbre es un asunto que genera mucha ansiedad y confusión en los enamorados, al punto de que son inducidos a cuestionarse si deben seguir adelante, o cancelar sus planes de matrimonio.

Algunas de las razones por las que puede darse este tipo de inseguridad son:

1. Por pasar de manera muy rápida las etapas previas al noviazgo, que son la amistad y la amistad especial. Cuando esto ocurre, entonces no hay oportunidad de madurar

los sentimientos y clarificar si realmente existe amor o sólo se trata de un impulso momentáneo.

2. Por iniciar una relación sentimental cuando se es todavía muy joven. Si en una persona madura los sentimientos son volubles, cuánto más lo serán en los adolescentes, en los que la inestabilidad emocional y la revolución hormonal es mucho mayor.

3. Por tener un grado de madurez bajo, ya que hay personas que aunque tengan una edad en la que deberían ser maduras, no tuvieron una influencia familiar y social que favoreciera el desarrollo de su personalidad, y así lograr una actitud madura que se evidencia por la capacidad para resolver problemas por sí mismas.

Cuando se presentan estas dudas y confusiones sentimentales, una recomendación que podría ser útil es darse tiempo para aclarar los sentimientos.

Pero volvamos a la pregunta que nos interesa responder en este capítulo: ¿qué es el amor?

Reconozco cuán difícil es definir este término, por la profundidad de su significado. No obstante, considero que la descripción más aproximada la da el apóstol Pablo en su magistral poema sobre el amor, plasmado en 1 Corintios 13:4-8:

> *"El amor es paciente, es bondadoso. El amor no es envidioso ni jactancioso ni orgulloso. No se comporta con rudeza, no es egoísta, no se enoja fácilmente, no guarda rencor. El amor no se deleita en la maldad sino que se regocija con la verdad. Todo lo disculpa, todo lo cree, todo lo espera, todo lo soporta. El amor jamás se extingue…"*

Cada uno de los aspectos mencionados anteriormente constituye un claro referente para saber si nuestra vida está guiada por el amor, o por algún tipo de falsificación del mismo.

El tipo de amor descrito revela que cuando es verdadero se demuestra por su disposición al sacrificio, por su actitud paciente, y porque siempre está presente el deseo de hacer el bien y dar lo mejor, tal como lo dijo Wheat:

> "El amor es el poder que producirá amor cuando yo aprenda a darlo, en vez de esforzarme por atraerlo hacia mí".

De la primera carta a los Corintios, capítulo 13, se puede inferir que cuando hay verdadero amor en una pareja ninguno pretende ser más que el otro, no hay ostentación, ni orgullo ni egoísmo, sino que cada uno es feliz permitiendo el crecimiento del otro.

En el verdadero amor hay un delicado cuidado por los sentimientos del otro, ya que "jugar con los corazones es un crimen no pequeño a la vista de un Dios santo" (*El hogar cristiano,* p. 48).

Otra dimensión de este amor es el perdón. Toda relación humana se ve afectada, en algún momento, por los errores propios de los mortales. Pero el ingrediente del perdón tiene la capacidad de sanar todas las heridas, y de asumir una actitud de no abrigar sentimientos maliciosos frente a los demás, incluyendo a la pareja, pues el amor es transparente y honesto hasta en los más mínimos detalles.

Por último, resaltemos la durabilidad del amor verdadero. El apóstol dice que *el amor jamás se extingue.* Este pensamiento es diferente de la transitoriedad con que muchos conciben hoy al amor. Con un gran acierto, Núñez escribió:

> "El amor verdadero, nacido de la acción del Espíritu Santo, no es flor de un día. El amor no cambia.
>
> Permanece. Es estable. No depende de estados de ánimo ni de sentimientos momentáneos. El amor nace en la decisión de unirnos a Dios, y trae como consecuencia la permanencia en la decisión de amar" (*Amar es todo*, p. 139).

Capítulo
16

Asertividad en el noviazgo

Hemos visto cuántos elementos se pueden rescatar de Génesis 24 para el noviazgo contemporáneo. Por supuesto, este capítulo de la Biblia no agota todo lo que debería tenerse en cuenta en la formación y desarrollo de un noviazgo, y en la decisión de casarse. Pero creo que debemos estar muy agradecidos con Dios, porque por la inspiración del Espíritu Santo esa narración quedó registrada en las Sagradas Escrituras para que los jóvenes cristianos del siglo XXI obtengan de ella una gran cantidad de principios, valores y enseñanzas que pueden ayudarlos en la formación de relaciones sentimentales, y en la delicada tarea de escoger al cónyuge para toda la vida.

En este capítulo final del libro he decidido hablar sobre la asertividad, porque este es otro concepto que, como el amor, es muy rico, profundo y abarca muchos aspectos.

Pero, ¿qué significa ser asertivo? Realmente hay tantas definiciones como se deseen. Además, la asertividad se aplica a muchos ambientes, y por eso se habla de asertividad en la comunicación, la negociación, el ámbito escolar, etc.

He optado por aplicar este concepto a la relación de noviazgo, porque considero que para esta interrelación especial la asertividad resulta muy necesaria.

La palabra asertividad tiene un origen latino, assert, que significa afirmar, sostener y dar por cierta y asentada una cosa. En español se define como afirmativo. Sin embargo, pienso que estas definiciones etimológicas o técnicas no aportan mucho a la comprensión de este concepto. Entonces, veamos este término desde los aspectos que caracterizan a una persona asertiva.

Las personas asertivas tienen una apropiada autoimagen, es decir, se valoran, aceptan y tienen confianza en lo que Dios hizo por ellas. Además, se conducen positiva y efectivamente, enfrentando los conflictos de manera apropiada, planteando sus diferencias y permitiendo, de manera respetuosa, que los demás hagan lo mismo. Los asertivos se sienten libres para manifestarse ante otras personas: defienden sus creencias y derechos, y también respetan los de los demás; expresan claramente sus valores y se comportan en armonía con ellos. En otras palabras, una persona asertiva se conoce a sí misma, sabe relacionarse con los demás y con el mundo que la rodea.

Ahora considero que también resulta conveniente aclarar qué no es la asertividad, de tal manera que cuando se vean las dos caras de la moneda, el término resulte más claro y no se preste a confusiones.

Las personas no asertivas se distinguen por no expresar claramente sus sentimientos, sino que los disimulan. Al hacer esto, se pueden volver manipuladoras emocionales o chantajistas afectivas o sentimentales. Además, huyen de los problemas o los enfrentan en forma inadecuada, como por ejemplo a través de la agresividad.

Ahora apliquemos la asertividad a la relación de pareja, y especialmente a las vivencias de la etapa de noviazgo.

Cuando una persona es asertiva y forma una relación sentimental con otro ser asertivo, podemos decir que han tenido un buen encuentro.

Como ya se vio anteriormente, las personas asertivas tienen una apropiada autoimagen, y por consiguiente, muchas probabilidades de formar una buena relación sentimental, pues siempre se ha dicho que en la medida en que una persona se ame a sí misma, así estará en capacidad de amar a otros. Lo mismo ocurre cuando una persona se respeta a sí misma, pues respetará a los demás.

Vimos que una de las causas de la promiscuidad es el bajo autorrespeto que una persona tenga de su cuerpo. Por lo tanto, quienes están conscientes de su valor personal tendrán pocas probabilidades de incurrir en la promiscuidad y otras expresiones sexuales inapropiadas para la etapa del noviazgo, porque su valía les infundirá un autorrespeto y un deseo de respetar también a su pareja.

Las parejas asertivas también se caracterizan por tener la capacidad de actuar simultáneamente como individuos y como miembros de un equipo. Es decir, que pueden ser personas autónomas, pero al mismo tiempo reconocer la necesidad de interdependencia con el otro.

Las relaciones de pareja generan una tensión en el equilibrio que debe darse entre la individualidad y la unidad, de modo que la segunda no anule a la primera. El equilibrio en esta tensión está muy bien descrito por Khalil Gibrán, en su obra *El profeta:*

> "Amaos el uno al otro, mas no hagáis del amor una presión; llenad el uno al otro la copa, mas no bebáis de una sola; sed como las cuerdas de una lira, que aunque separadas, todas vibran con la misma música.

> Ofreceos el corazón, pero que cada cual sea su fiel guardián. Estad juntos, mas no demasiado cerca. Las columnas del templo se levantan firmes y separadas, y la encina y el ciprés no crecen el uno a la sombra del otro".

Otra característica muy distintiva de la asertividad es la capacidad de expresar claramente los sentimientos. Son muchos los problemas de pareja que surgen por problemas de comunicación, y cuando una persona tiene dificultades para expresar lo que piensa y siente en una forma apropiada, sus relaciones interpersonales son muy disfuncionales o conflictivas.

La asertividad también propicia un buen clima para la resolución de conflictos, ya que los derechos que cada uno tiene, consigo mismo y con los demás, se consideran respetuosamente.

En el noviazgo asertivo, la relación se caracteriza por ser honesta, sincera, clara, diáfana y transparente. Cuando una relación se lleva dentro de este marco, no queda lugar para el chantaje, las presiones indebidas, los engaños y otras actitudes negativas que son propias de las parejas no asertivas.

En las relaciones amorosas asertivas no predomina la pasión, la infatuación ni nada que impida actuar con la razón, la sensatez, la prudencia y la cautela.

Los miembros de una pareja asertiva se sienten bien consigo mismos, y cómodos con la realidad de su relación. Tienen capacidad de determinación propia y de cambio, si fuera necesario.

Virginia Satir, una experta en el campo de las relaciones familiares, escribió unas frases maravillosas que denominó "mis metas". Creo que se adaptan muy bien a las actitudes que cada uno debería asumir, si en realidad se desea ser una persona asertiva y tener una relación afectiva, sentimental o conyugal distinguida por la asertividad:

> "Quiero amarte sin absorberte
> apreciarte sin juzgarte
> unirme a ti sin esclavizarte
> invitarte sin exigirte
> dejarte sin sentirme culpable
> criticarte sin herirte
> y si puedes hacer lo mismo por mí,
> entonces nos habremos conocido
> verdaderamente
> y podremos beneficiarnos
> mutuamente".

Estuve pensando en un personaje bíblico que sea un ejemplo de asertividad, y por supuesto, por mi mente pasaron los nombres de José, Daniel, Ester, etc. Pero definitivamente, el mejor paradigma o modelo de una persona asertiva es Jesús "*... uno que ha sido tentado en todo de la misma manera que nosotros, aunque sin pecado. Así que* *acerquémonos confiadamente al trono de la gracia para recibir misericordia y hallar la gracia que nos ayude en el momento que más la necesitemos"* (Hebreos 4:15,16).

Los cristianos deberíamos ser las personas más asertivas, porque no hay otra influencia más poderosa para controlar la naturaleza humana y mejorar la conducta del hombre que el poder que emana de la gracia de nuestro Señor Jesucristo, y de la influencia de su Santo Espíritu. Pienso que un joven cristiano asertivo rige su vida por los principios y los valores eternos expuestos en la Palabra de Dios, y tiene una actitud reverente hacia las cosas espirituales.

Finalizo anhelando que cada joven que lea este libro pueda llegar a tener un **buen encuentro**, como fruto de ser una persona asertiva, llena de los atributos que caracterizan a los cristianos: el buen ejemplo, la fidelidad en las palabras, la conducta, el amor, la fe y la pureza (véase 1 Timoteo 4:12).

Recuerda, querido lector, que un buen encuentro comienza por la búsqueda de la dirección divina, la fe en la oración, y escuchar atentamente el consejo de personas autorizadas. Por otra parte, no olvides tener en cuenta criterios selectivos tales como la compatibilidad, el amor como principio, y todos los demás aspectos que se han expuesto en este libro.

No obstante, debes ser consciente de que "el curso del verdadero amor nunca se da sin tropiezos" (William Shakespeare). Es cierto que nunca encontraremos a la persona perfecta, pero se corren menos riesgos de infelicidad cuando se hace uso de buenos criterios selectivos. Confío en que, con la guía y orientación divina y la toma de decisiones inteligentes basadas en el amor verdadero, podrás realizar una elección atinada.

Es mi deseo que cada enseñanza derivada del encuentro entre Isaac y Rebeca sea una guía o brújula permanente en tus planes de lograr, o de confirmar, un buen encuentro.

Lista de referencias

ANKERBERG, John & WELDON, John (1997). *El mito del acto sexual seguro*. Miami, Fl., EE.UU.: Unilit.

BADENAS, Roberto (1998). *Más allá de la Ley.* Madrid: Editorial Sofeliz.

BRUNO, Jorge y BRUNO, Mauricio (1995). *Los jóvenes preguntan sobre el sexo.* Miami, Fl., EE.UU.: Asociación Publicadora Interamericana.

COLLAZOS, Jorge F. (1996). *Sexualidad: mitos y verdades.* Bogotá: Centros de Literatura Cristiana.

SHEREE, Conrad y MILBURN, Michael (2002). *Inteligencia sexual.* Barcelona: Editorial Planeta.

EL INFORMADOR (mayo 2001). Medellín: comfama.

GARCÍA MARENKO, Emilio (s/f). *Noviazgo feliz.* Montemorelos, México: Universidad de Montemorelos.

GÓMEZ, Adalberto (2000). Medellín. *Teología y pastoral para América Latina* (revista trimestral). Bogotá: Itepal.

MAC DOWELL, Josh (1992). *Lo que deseo que mis padres sepan acerca de mi sexualidad.* Miami, Fl., EE.UU.: Unilit.

MACDOWELL, Josh y DAY, Dick (1990). *Cómo preparar a sus hijos para que digan NO a las presiones sexuales.* Miami. EE.UU.: Unilit.

MACDOWELL, Josh y DAY, Dick (1990). *¿Por qué esperar? Lo que usted necesita saber sobre la crisis sexual del adolescente.* Miami, Fl., EE.UU.: Asociación Publicadora Interamericana.

MAZAT, Alberta (1992). Revista *Diálogo, #* 2.

MOLINA ESTRADA, Isabel (2002). "*Free Choice:* el sexo puede esperar". *Ser familia, #* 15.

MORENO, Margarita (2002). "¿Terminarle? ¡Imposible! No encontraría a alguien tan útil". *Ser familia,* p.24.

NÚÑEZ, Miguel Ángel (1995). *Amar es todo.* Miami, Fl., EE.UU.: Asociación Publicadora Interamericana.

Revista *Diners (2003). Vírgenes por amor,* p. 10-18.

SÁNCHEZ, Carlos Cuauthémoc (1995). *Juventud en éxtasis.* Tlalneplanta, Estado de México, Ciudad de México: EdicionesSelectas Diamante S.A. de C.V.

SANTA BIBLIA Nueva Reina Valera (2000). Miami, Fl., EE.UU.: Sociedad Bíblica Emanuel. (Cambiar por la versión que se utilizó).

SATIR, Virginia (1990). *Relaciones humanas en el núcleo familiar.* México: Pax México.

THOMPSON, Les (1998). *La familia desde una perspectiva bíblica.* Miami, Fl., EE.UU.: Editorial Unilit.

VALENZUELA, Alfonso (1994). "el joven y la vida sexual", *El centinela.* Miami, Fl., EE.UU.

VAN PELT, Nancy (1984). *Felices para siempre: Guía para un matrimonio de éxito.* Montemorelos, México: Publicaciones Interamericanas.

VAN PELT, Nancy (2000). *Cómo triunfar en el amor.* Florida, EE.UU.: Asociación Publicadora Interamericana.

WHEAT, ED (1984). *El amor que no se apaga.* Caparra, Puerto Rico: Editorial Betania.

WHITE, Elena (1959). *El hogar cristiano*. Mountain View, California: Asociación Publicadora Interamericana.

WHITE, Elena (1975). *El ministerio de curación.* Mountain View, California: Asociación Publicadora Interamericana.

WHITE, Elena (1979). *Joyas de los testimonios.* Tomo 2. Miami, Fl., EE.UU.: Asociación Publicadora Interamericana.

WHITE, Elena G.de (1987). *Cartas para jóvenes enamorados.* Miami, Fl., EE.UU.: Asociación Publicadora Interamericana.